適職はどこにあるの?

夢なしOLの
「転職・休職・副業・起業」
実践ストーリー

土谷愛 Tsuchitani Ai

大和出版

はじめに

正解のない時代、納得のいくキャリアを手にしたいあなたへ

「あなたの10年後のキャリアプランを教えてください」

ずらりと並ぶ面接官。真ん中に座った偉い人が、こう尋ねてきた。

……そんなもの、とくにない。

心の声を抑え、作り笑いで「成長」や「貢献」やら、それっぽいことを答えた。

本当のわたしは目先の「内定」で頭がいっぱいで、10年後なんて見えてないのに。

3日後、【選考結果のご連絡】と題したメールが届いた。

「慎重に検討いたしましました結果、誠に残念ではございますが、今回はご期待に添えない結果となりました。貴殿の今後のご健勝とご活躍を心よりお祈り申し上げます。」

……またお祈りされちゃった。


「おまえなんて必要ない」と社会に言われている気持ちになった。

その後、どうにか社会人になり、久しぶりに学生時代の友達に会った。

「仕事？　忙しいけど、楽しいよ！　どこに入るか迷ったけど、今の会社で良かった」

彼女は、まぶしい笑顔でキラッキラな近況を教えてくれた。


「そっかあ」と作り笑いをしながら聞くのが精一杯。

自分は毎日会社で怒鳴られて、「消えたい」と思っていることなんて言えなかった。

わたし、なにをどうがんばれば、今この子みたいに笑っていられたんだろう。

ずっと「みんなと同じ」をめざして必死に生きてきたのに、どこで間違ったんだろう？

こんな自分にも〝適職〟なんて呼べる仕事が、社会のどこかにはあるんだろうか。


あれから12年。

わたしは「自分の強み」を見つけて「適職」を手に入れ、大好きな人たちに囲まれて、毎日ゲラゲラ笑いながら最高に楽しく働いている。

朝がめちゃくちゃ弱いわたしでも「起きるのが楽しみ」と思えるくらい、今や仕事は娯楽となり、「おばあちゃんになっても続けたい！」と思える生きがいにまでなった。

「10年後のキャリアプラン」なんて大層なものは、相変わらずよくわからない。

そのかわり、**「やりたいこと・叶えたいこと」は数えきれないほど湧いてくる。**

夢中になって片っ端からやっているうちに、きっと10年なんて一瞬で過ぎるんだろうな。


今お伝えしたのは、偽らざるかつてのわたしの姿と、現在のわたしの姿です――。


あらためまして、こんにちは。

わたしは、社会人向けの教育会社を経営している、土谷愛（つちたに・あい）と申します。

「自分の強みや適職がわからない」と悩んでいる方々に向けて**「学校では学べなかった本当の自己分析」**を発信しており、これまで1万名を超える方々に、このメソッドを学んでいただきました。

また、大手企業での研修講座の開発や登壇、国内外での著書出版や専門家としてメディア出演なども重ね、さらに多くの皆様に情報をお届けできるようにもなりました。


しかし、発信が広がっていくにつれ、心の中にモヤモヤが広がっていくことに、あるとき気づいてしまいました。

それは、**「せっかく本を読んでなにかを学んでも、ほとんど読んで終わりになっている……」**というお悩みを見かけるようになったことがきっかけです。

今、「自分にもそういった本があったかも」と、ドキッとしませんでしたか?

わたしは、そのお悩みの原因はずばり、〝成功している人を見たときに「この人は才能があったんだろうなぁ（自分には遠い話だなぁ）」と思ってしまう現象〟にあるんじゃないか、と思ったのです。

「誰かがうまくいった方法」だけ聞かされても、どこかまっすぐに受け取れないような感覚って、きっと誰しも感じたことはありますよね。

だからこの本は、**わたしがうまくいった方法論だけをかいつまんで伝える、「きれいに体系化されたビジネス書」ではない**ことを最初にお伝えします。

むしろ真逆で、

「試行錯誤の末にたどりついた、**本当の自己分析で〝適職を見つけるまで〟のすべてを**

綴ったリアルストーリー」です。

ところで、今さらかもしれませんが、「適職」とは一体なんでしょう。

くわしくは本文に譲るとして、**「適職」とは「自分のたどりつきたい〝理想の未来を叶える〟仕事」**だとわたしは捉えています。

そのために必要なのが、**あらゆる角度から「自分を正しく知ること」**。

自分が本当はどんな未来をめざしたいのか、どんなやり方を選びたいのか、なにが得意で、今なにを持っているのか。

それらの自己分析ができれば、自分で自分の道を迷わず決めていくことができます。

ただ、それがもっとも難しいこと、ときに「体系化された方法論」だけでは実践に移せないことは、わたし自身が一番よくわかっていると自負しています。

だからこそ、わたし自身が「適職」にたどり着くまでにしてきた失敗や葛藤も包み隠さず明かしながら、そのつど、**「どのように自己分析して、いかにして道を修正したのか」**。

そして最終的に**「どのようにして納得いくキャリアを手にしたのか」**を、すべて詳細に書き綴りました。

物語のようにサクサク読めるので、難しいビジネス書を読むときのような緊張感はいりません。また、物語を追体験することで、「こんなとき、あの本の主人公はこう乗り越えていたな……！」と、より日常の中で〝すぐに取り出して使える記憶〟になるはずです。

もしあなたが今、

- **就活の自己分析で早くもつまずいて、先が見えない……**
- **この仕事向いてないかも。だけど、辞めるかどうか決められない**
- **転職するにしても、次にどんな仕事を選んだら失敗しないんだろう……？**
- **知らない世界に飛び込むのが怖くて、今の延長線の人生しか考えられない**
- **「雇われ」以外の働き方に興味はあるけど、実際どうなのかなぁ**

という思いを1つでも抱いていたとしたら、ぜひ手に取っていただきたいと思っています。

なぜなら、**これらはすべて、わたしがぶち当たってきた壁**だからです。

過去のわたしは、冒頭でお伝えしたように「自分のことがわからない……」と就活につまずいていた、迷える一人の学生でしかありませんでした。

当然、**自己分析も自己ＰＲもうまくできず、なんと１００社以上からの不採用宣告。**

今振り返ると、うまくいっている人を「羨ましいな」と思いつつ、「自分とは違うんだ」と無意識に遠ざけてしまっていました。まさに「この人は才能があったんだろうな現象」ですね。

結果、**人生は全然よくならず、どうすればいいのかわからないままに、「就職」「転職」「休職」「副業」「起業」などあらゆる働き方を転々とし、何年も泥臭くもがいていたのが本当のところ**です。

しかし、それではいっこうに悩みから抜け出せないことに気づいてから、人と自分を比べたり、誰かを羨ましがるばかりだった習慣をいったん捨てました。

そして、「自分を見つめる習慣」を持つようになってから、人生がどんどん望み通りに動き始めたのです。

本文では、そんなわたしの全15話のエピソードを通して**「自分を知る方法」を楽しく学べる**ように書きました。

物語を読むだけで学びが記憶に残り、それが自然と日常に活きてくることでしょう。

さらに、巻末では**「自分の適職と強みがわかる7つのワークシート」**もご用意しました。

このワークシートは、本文で出てきた、**適職につながるとくに大事な「自己分析」を、いつでも取り出して再現できる**ようになっています。余力があればワークまで取り組んで、学びを最大化するのもおすすめです。

きっと読んだあとから、**「あれ、わたしってこんなこと思ってたの？」「自分って意外と強みだらけなのかも……」**と、それまでとは**「自分の見え方」がちょっと変わるはず。**

と同時に、〝**理想の未来を叶える**〟仕事、**「適職」への展望が拓けていく**ことでしょう。

とはいえ、肩に力を入れることなく、ソファに座ってくつろいで、コーラ片手に映画でも見るように、ぜひ気軽な感覚で読み進めてもらえたらうれしいです。

それでは、さっそく物語をはじめましょう。

適職はどこにある？
目次

第2章 「強み」の見つけ方
営業ビリのわたしに先輩がくれた衝撃の言葉

第3章 休職・転職・副業で自分を見つめる ——「自己分析」の習慣化

第4章 起業して手に入れた自分らしい働き方 ―「自分に合った仕事」の作り方

本文レイアウト——齋藤知恵子
本文DTP——野中賢　安田浩也（システムタンク）

第1章

わたしが就活で〝100社落ち〟した理由

――「理想の未来」の描き方

「自分の適職・やりたいこと・強みなどを見つけたいなら、まずは〝理想の未来〟から逆算して考えてみましょう」

日ごろ、みなさんにこうお伝えすると、「でも、その〝理想の未来〟がどうにも描けないんです……」というお悩みをよく耳にします。

わたしが思うに、その原因は、自分の中にある「思い込み」の存在です。

本当は「こうなったら最高」と思っているのに、同時に「でも、自分は理想の未来になんて行けない」という思い込みを使って、未来の可能性を打ち消してしまう人は意外にも多いのです。

「思い込み」とはなにかというと、

・「わたしは〇〇」という「自分」へのイメージ
・「世界は〇〇」という「他人や物事（自分以外のなにか）」へのイメージ

などのこと。

「理想の未来」をうまく描けない、もしくは描けたとしても叶わない人の抱いている「思い込み」は、ネガティブに偏っているものです。

たとえば「わたしは○○」の場合、「能力がない」「運が悪い」「時間がない」「お金がない」「人望がない」など。

また、「世界は○○」の場合、「誰も自分を受け入れてくれない」「人はわたしを利用しようとする」「わがままは悪いこと」「大人はこうあるべき」などが入ったりします。

そしていずれの場合も「だから、できない（理想の未来は叶わない）」と続くんです。

こういったネガティブな「思い込み」を持っていると、どうなってしまうのか？

どうやってそれを取り除き、「理想の未来」を描くのか？

「理想の未来」なるものが描けたら、一体どんなことが起こるのか？

この章では、わたしの苦い経験談も含め、3つのエピソードをご紹介しましょう。

第1節

夢も特技もなかったわたしの散々な就職活動

社会は地獄、わたしは無能

「1年後には社会に出て、働かないといけないなんて……」

大学3年生の終わりごろ、同級生たちが一様に髪を黒く染め、リクルートスーツを着ている姿を目にするようになり、わたしの心はざわつき始めました。

それまでは、顔を合わせれば旅行やドラマ、恋愛の話で盛り上がっていたのに、

「これから説明会ハシゴで〜」

「エントリーシートがさ〜」

と、いつの間にやら聞きなれない単語が飛び交うようになっていたのです。

でも、正直、わたしは就職活動なんて全っ然したくない。
というか、就職したくない。

だって、「社会」って地獄なんでしょ？

……お恥ずかしながら、これが当時の偽らざる本音です。

というのも、当時のわたしは、2つの大きな「思い込み」を持っていました。
1つは、「働くとは、苦しいことに違いない」という「仕事」に対する思い込み。
そしてもう1つは、「わたしは無能な人間だから、就活という競争には勝てない」という「自分」に対する思い込みでした。

なぜ、こんなにも偏った「思い込み」を、一生懸命抱きしめていたのでしょうか。
まず1つ目の思い込みは、身の回りで「楽しそうに働く大人」を見た記憶がまったくなかったことが影響していると思います。

たとえば、両親。

自営業をしていた父と、その父の仕事を手伝っていた母は、いつも「経営が苦しい、お金がない」と言っては喧嘩になり、家庭は荒れていました。

たとえば、通学中に電車で見かけるサラリーマン。

彼らをこっそり観察してみても、眉間にしわを寄せてけわしい顔つきをしていたり、疲れ切って爆睡していたり、ときには酔っ払って口論している余裕のない大人たちばかり。

たとえば、ひと足先に社会に出た大学の先輩。

週末にふとサークルの飲み会に顔を出してくれたときには、決まってこんなことを言われました。

「学生のうちに遊んでおいたほうがいい」

「今が人生最後の夏休みのようなもんだよ」

その言葉は、楽しい飲み会が終わってからも、まるで呪いの言葉のようにわたしの胸に残ったものです。

いかに社会が恐ろしくて、大人たちから心の余裕を奪うところなのか。

いろいろな社会人の様子を見聞きしているうちに、わたしの頭の中では、どんどん「社会は地獄のようなところ」という思い込みが形成されていってしまったのです。


ただ、2つ目の思い込みは、それよりもっとしぶとかった。

「わたしは無能な人間だから、就活という競争には勝てない」


そう思うようになったのは、幼少期から抱えていた強い劣等感からでした。

子どものころから学校の勉強についていけず、ひらがなや九九をようやく覚えたのは、クラスで最後。

運動会の徒競争では「万年ビリ」で定着するくらい、絶望的な運動神経の持ち主。

「これはなにを描いたの？」と先生に笑われてしまうほど芸術的センスもなく、家庭科で作るナップザックもお好み焼きも、すべて失敗するほど手先は不器用。

おとなしい性格で自己主張はできないし、愛想笑いが苦手で、友達作りにも苦戦。

そんな学生時代のわたしは、どこにいても評価されることがなかった気がして、自然とそんな自分のことを「不良品だな……」と感じるようになっていたのです。

そんな思い込みを持っていたから、「全国の同級生と競争しなければいけない就職活動」というイベントが、わたしを憂鬱にさせるのも必然のことでした。

ただ、こんなにも「社会＝地獄」「自分＝無能」という思い込みが強かった一方で、わたしには「就活しない」という選択肢を選ぶ勇気もなかった。

世間の常識や他人の目が気になって、「みんなと違う選択肢」を選ぶのが、社会という地獄に行くよりもずっと怖かったのです。

半年で100社落ち……地獄の日々

こうして流されるように、わたしの就活が始まりました。

さほど興味があるわけでもないのに、ただ「名前を知っている企業」というだけの理由で、有名なメーカーや商社の選考をなんとなく受ける日々。

「どどこにエントリーしてる」と口にするだけで（べつに受かってないのに）、なんだか自分がすごく優秀な人間になったような錯覚すら覚えていました。

それでも内心では「社会に出たくない」と思っているので、自分は入社してなにがしたいか、なにができるかなんて考えることも放棄し、ただただ思考停止状態。

自己分析らしきものといえば、古本屋で適当に買った就活対策本の文章例をつぎはぎした「志望理由」を作り、ただエントリーシートの空欄を埋めるためだけに、なんとなくウケそうなエピソードをひねり出しただけ。

そんなわたしの話には当然なんの一貫性も魅力もなく、プロの面接官にはあっさり見透かされていたのでしょう。

同級生たちがどんどん選考が進んでいく一方で、同じ大学に通っているはずのわたしは書類からバンバン落ちまくっていました。

焦ったわたしは、とにかく量！　と言わんばかりに、ほぼ手当たり次第にいろいろな会社にエントリーをするも、

「誠に残念ながら、今回は〜〜」

「貴殿の今後のご活躍をお祈り申し上げます」

と、いわゆる「お祈りメール」という名の不採用通知が激増しただけでした。

こうして半年ほどの就職活動で、ゆうに100社は落っこちました。

来る日も来る日もお祈りされ続けていると、まるで「お前は社会に必要ない人間だ」と言われているような気になります。

だけど、誰かにこんなボロボロな書類を添削してもらう勇気も、面接の練習をお願いする勇気もない。

苦しくて、ただひたすらに「1日も早く逃げ出したい」と、そればかり考えるようになっていました。

現実から逃げるように終えた就活の結果

ただ、漫然といろいろな会社の説明会を覗《のぞ》くうちに、こんなわたしにも興味が持てる業界がポツポツと出てきました。

それは、広告業界と出版業界です。

学生時代のわたしは、放課後はずっと図書館に通いつめるほど本を読むのが好きで、音楽を聴いていても歌詞ばかり読んでいるような人間だったので、「言葉の力で人を動かす仕事」に惹かれたのだと思います。

しかしあろうことか、ここで胸を高鳴らせるわたしを強く引き止めたのは、「自分は無能だからどうせ無理」という、「自分」に対する負の思い込みでした。

「そもそも広告業界や出版業界に内定が出るのは、トップレベルの大学の学生が9割だろうな。わたしなんか受けるだけ無駄だよね……」

うだうだ悩んだ挙句、結局、1社もエントリーすらしないまま、憧れの業界をあきらめてしまったのです。「憧れの会社に落とされる」という現実を受け止めるのが怖いがあまり「自分から受けない」という、なんとも情けない選択でした。

就活を始めてから半年が経過し、不採用になった会社は100社超え。

周りの友達が続々と内定を獲得して就活を終える中、わたしにはまだ1つも内定がありませんでした。

「ヤバい。もうどこでもいいから内定をもらわないと……」

そこで、とにかく採用人数が多かったり、あまり知名度がなくてライバルが少なさそうな小規模の会社や地方の会社に絞って、ただただロボットのように、大量エントリーを続けたのでした。

そうして季節が秋に差し掛かったころ、なんとか地方の会社から営業職の内定を獲得しました。

同級生は誰も知らない、地元でお酒を販売する小さな会社です。

これはあとから知ったことですが、「そもそも採用の募集をかけてもほとんど応募がこないので、応募すればだいたいの人が内定する」なんて事情があったよう。

確かに、この会社の面接で主に聞かれたことといえば、

「お酒、好きなの？」

「ウチの会社に通える範囲に住んでる？」

「車で営業するので普通免許ありが採用条件だけど、入社までに取れる？」

など、実務に関することばかり。

逆に「なぜウチじゃないとダメなのか」とか「10年後のキャリアプランは？」など、就活中のわたしがずっとろくに答えられなかった「理想の未来」に関する質問をされなかったことで、なんとか切り抜けたに過ぎませんでした。

なにはともあれ、喉から手が出るほど欲しかった「内定」という2文字をメールの中に確認したとき、喜びというより安堵の感情で、床にへたりこみました。

その1社から内定をもらうや否や、「本当にやりたい仕事かどうか」なんて深く考

えることもなく、わたしは逃げるように就職活動を終了。
こうして「社会＝地獄」「自分＝無能」という思い込み二大巨頭を握りしめ、ブレーキばかり踏み続けたわたしの就活は散々たる結果に終わりました。

「理想の未来」が決して叶わない人の特徴

この苦しかった期間を振り返り、今だから思うこと。

それは、もしあのとき「思い込み」を書き換える努力をしていれば、きっと本来の「理想の未来」に近づけたはず……、ということです。

わたしは、自分がまだ社会に出て働いてもいないのに「社会に出て働くこと＝地獄のようにつらいこと」と、「仕事」に対してネガティブな思い込みばかりを持っていました。

でも、もしこのとき「社会に出て働くこと＝人に貢献できて楽しいこと（もしくは自由に使えるお金を稼げるうれしいこと、など）」のようなポジティブな思い込みに書き換えていたら、どうなったでしょうか？

言わずもがな、選考に臨む熱量も、行動量も、祈られ続けたときのしんどさだって大きく変わったはず。

そして、就活とロクに向き合ってもいなかったのに「わたしは無能だから勝てない」とハナから決めつけていたことも、すごくもったいないことでした。

冷静に考えると、仮に学生時代に評価されなかったからといって、この先なにをやっても一生「できない奴」確定！ということではないからです。

実際、今をときめく成功者のインタビューなどを見ていても、「実は学校では劣等生だった」なんてエピソードが笑い話のように出てきますからね。

今思えば、当時のわたしは完全に「努力をサボるための言い訳」として、劣等感を使っていたにすぎません。

もし「こんな自分でも、少しでもその会社で役に立てることはなにか」を真剣に探していたら、なにかのかけらが見つかったかもしれない。

もしくは「今できないなら、これからできるようになろう」と、劣等感をうまく使ってこれからの頑張り方を考えることもできたはずです。

そもそも「地獄のような社会で働くこと」も、「できない自分でい続けること」も、それらがわたしにとって「理想の未来」だったわけじゃありません。

もしできるなら「楽しく働く大人」になりたかったし、「誰かの役に立てる自分」になりたかった。

そっちが本当の「理想の未来」だったはずなんです。

本当はそっちをめざしたいのに「社会は地獄なんだから楽しく働けるわけがない」「わたしは無能だから希望の仕事には就けない」というネガティブな思い込みによって、行動にブレーキをかけてしまっていたら、理想の未来なんて叶わないのも当然のこと。

つまり、「理想の未来」を描けない・描いても叶わない人は、ブレーキになる「思い込み」をめいっぱい踏んでしまっているということです。

目標を阻む「思い込み」の書き換え方

では、具体的にどうやって思い込みを書き換えればよいのでしょうか？

まず1段階目に**「その思い込みを持ち続けた結末」**を具体的に想像すること。

たとえば今「自分は無能」と感じているとして、今から10年間ずっとそう思い続けた先にどうなるか？　をイメージしてみるのです。

- ますます自信をなくして病んでいるかも
- 元気がないわたしを見せてしまい、母に心配をかけているかも
- ミス連発で、10年働いても職場で「できない奴」と思われているかも
- 転職しようにも面接でおどおどしてしまい、負のループかも
- ひねくれた性格になり、好きな人ができても振られてしまうかも

などなど、「本当にそうなるか」はわかりませんが、「こうなったら恐ろしい未来」

がいくつも出てくるとします。

その未来を眺めて「こうなりたくない」と心底思えたら、自然と「どうにかして思い込みを書き換えたい」という意識が強くなります。

そこで、2段階目に**「真逆の思い込みを持っている人」**の存在を見つけましょう。

たとえば、就活当時のわたしなら、

- **「仕事って楽しい！」と言っている社会人**
- **「苦手なことが多くても、自分は最高！」と自信を持てている人**
- **学校では劣等生だったけど、大人になって楽しく生きている発信者**

などを見つけて目の当たりにすることですね。

それによって、「自分の思い込みって絶対ではないんだな」と気づくことができ、自分の意思で新たな思い込みを選び直せるはず。

今の時代、SNSをひらけば自分とは違う生き方・考え方の人がゴロゴロ見つかります。その中で、幸せそうな（自分もそうなりたいと思うような）状態の人を見つけて、どんな考え方や行動をしているのかを見てみましょう。

就活や転職なら、OB訪問アプリや社会人特化型SNSなどを使って、自分とは違う働き方や仕事をしている人に話を聞きに行くのもいいですね。

ともかく、無意識のうちに持っている自分の「思い込み」をくつがえすような存在を目の当たりにすること。これに勝るインパクトはないです。

今、あなたにブレーキをかけている「ネガティブな思い込み」はありますか？

そして、**もしこれからもその「思い込み」を持ったまま生きていると、どんな未来が待っていそうですか？**

もし手放したい「思い込み」が見つけられたら、その思い込みをくつがえすような人の情報に触れてみてください。きっと世界が少しずつ変わります。

第2節

営業成績ビリ。報われなかった新人時代

「わたし、なんのために働いてる？」

社会人1年目、ドキドキの入社初日。

緊張しながら「おはようございます」と挨拶をして執務室に入っていくと……、どこからか「営業なのに声ちいせえな」という声が聞こえました。

ビクッと周囲を見渡しても、声の主が誰なのか、見当もつきません。

思わぬ社会の洗礼に、心臓がきゅっと縮むような感覚。

おそるおそる案内された席に着くなり、周りが続々と立ち上がり始めました。

どうやら朝礼が始まったようです。

全員直立で前を向き、シーンとした重い空気の中、一人の社員が前に立ち、大声で叫び始めます。

「ご唱和ください！　○○株式会社社訓！　ひとつ、我々の商売は～～～」

その声に続くように、起立している社員全員が大きな声で社訓を復唱。

この様子を眺めながら、「なんだかすごい場所に来たぞ……わたし、ここでやっていけるんだろうか……」と背筋が凍る思いで生唾を飲み込みました。


わたしの仕事は、すでにお付き合いのある酒屋さんやスーパーマーケットに、商品を買い続けてもらうこと。

とにかく足を使ってガンガン取引先に訪問し、ノリ良く世間話を重ねたり、飲み会などの接待で信頼関係を築き、受注を増やす。

いわゆる「ルート営業」「関係性営業」なんていわれるスタイルの仕事です。


朝の嫌な予感は的中し、社内はどうやら「泥臭く利益を追求せよ！」といったザ・

体育会系のような雰囲気。
声が小さく、誰にも明るく話しかけることができないわたしは、その雰囲気にすっかり圧倒されてしまいました。

その結果、

- **代表電話を受けたのに、肝心な取引先名を聞き忘れる**
- **「これ持ってきて」と先輩に頼まれたお酒とまったくの別物を運ぶ**
- **「勉強用に飲みなさい」と渡された、高価なお酒のビンをその場で割る**

と、さっそく、周囲をがっかりさせてしまうほどの凡ミスを連発。

わたしは入社してものの数週間のうちに「ダメなやつ」認定されてしまったようで、最初は優しく話しかけてくれていた先輩社員が一人、また一人とわたしに話しかけなくなっていくのをうすうす感じていました。

入社3か月目には営業ノルマが課され始めますが、そんなどんくさ新入社員のわたしには「ノルマ達成」なんて夢のまた夢です。

1時間車を走らせて取引先に行っても「忙しいから後にして」と相手をされず、また別のお店では商品に関する質問にまったく答えられず「来なくていいよ」と冷たく吐き捨てられ、あげく初心者マークをつけて運転していた営業車を何度も電柱にこすって、上司に怒られては始末書を書いていました（運転すら絶望的に下手だったのです……）。

社内の営業成績ランキングは堂々のビリを記録。

ノルマがついてから一度もその座を譲ることなく、ずっとわたしが最下位です。

「今日も売れなかったな……」

ある日、しょんぼりしながら社内に帰ると、「なんでそんなに売れねえんだ？　サボってんのか？」と、社長に机をガンガン蹴って怒鳴られてしまいました。

夜21時までの盛大なお説教が終わってしょんぼり残務をしていると、少し離れた席の先輩たちが「今月やばい！　でも、アイツがいるから絶対ビリにはならないや」と笑っているのが聞こえてきた瞬間、鼻の奥がツンとなり、慌ててトイレへ。

「もう消えちゃいたい……」

水を流す音でかき消したその声は、わたしの脳内にしっかりこびりつき、いつまでもぐるぐるまわっていました。

辞めるか、辞めないか。決まらない答え

そんなある日、わたしの心を完全に折る事件が起こります。

なんとか売れるようになりたくて、商談の同行をお願いした先輩の営業車を運転していたときのこと。

渋滞にはまりかけ、「商談に遅れたらやばい」と焦ったわたしは、とうとう接触事故を起こしてしまったのです。

それも、大混雑する東京・渋谷のど真ん中。周囲は大パニックです。

幸い誰にもケガはありませんでしたが、営業車の車体は見事にボコボコで、助手席

のドアがへこみすぎて開かない大惨事。

「やばい、どうしよう……」と大量の汗が噴き出して目の前が真っ白になり、ぼうぜんとしているわたしを見かねて、先輩が警察や保険会社の対応、会社への報告などをすべてやってくれました。

自分で起こした事故なのに、わたしはその後始末さえできなかったのです。

「わたしって、会社にいるだけで迷惑かけちゃうんだな」

毎朝7時に出社し、21時まで馬車馬のように働いても、いっこうに売れないどころか、事故を起こして会社に迷惑をかけているこの現状が苦しくて、逃げ出したくて、ついに「もうこれ以上は頑張れないかもしれない……」と涙があふれてきました。

でも……、仮にこの会社を辞めて転職しても、同じような状況になるのでは?

転職するっていったって、なにかやりたいこともべつにないしな……。

というかその前に、そもそも転職なんてできないいんじゃやない?

脳裏には、100社落ちで苦しんだ就活の恐怖がよみがえってきます。

この会社でもっと頑張り続けるべきか、それともあきらめて転職活動をするべきか。

これから一体どっちに向かうべきなのかわからず、一歩も動けなくなってしまった自分がそこにいました。

人生どん底、初めての「本当の自己分析」

けれど、結果的にこうなってみて初めて、わたしは自分の本音と向き合う**「自己分析」**を始めることになったのです。

夜、仕事から帰ってきて、部屋に転がっていた適当なノートを開き、半ば勢いでこんな問いを書いてみました。

Q：そもそもわたしって、なんのために働くんだろう？

そりゃあやっぱ、お金のため。

今も毎日怒られてしんどい思いしながら働いてるのは、給料がもらえるから。

1つ目の問いの下に書いたのは、ふと頭に浮かんだそんな答え。

当時は「仕事って、お金を稼ぐ手段でしょ」としか思っていなかったんです。

でも、せっかく書く気満々な状態なので、その先の問いを書いてみることに。

Q：じゃあ、わたしって具体的にどれくらい稼ぐ必要があるんだっけ？

……。自分で書いておきながら、この質問にわたしは絶句してしまいました。

なぜなら、「このくらい」という明確な金額が一切浮かばなかったからです。

考えてみれば、もともと趣味も物欲もあまりなかったわたしには、「お金を稼いでこれに使うぞ！」的な野望は見当たらなかったのです。

就職したばかりの当時、まだ実家暮らしで生活費はほとんどかからず、しいていえば大学時代に借りた奨学金450万円の返済が残っている状態。

そのうち一人暮らしをすれば生活費は稼がなきゃだけど、逆に言えば、一人で安いアパートにでも暮らせるくらいの金額を稼げたら、わたしはそれでいい。

ん？　ってことは、わたし真っ先に「お金のため」って思ったけど、とりあえず今稼ぐモチベーションになってるのは450万円だけ？　意外とそんなもんなのか……。

ただ世間の常識に染まって「学校を卒業したら働くもの」としか思っていなかったわたしは、自分の中に「自分が働く理由」をまったく持てていなかったわけです。

そう気づいたわたしは再びペンを持ち、また新たな問いを書いてみました。

Q：今は最低限の給料をもらえてるんだから、一応働く目的は達成できてるはずなのに、わたしはなんで毎日こんなにつらいんだろう？

今度はスルスルとペンが動き、いくつかの「つらい理由」が出てきました。

- **お客さんのためになる提案がなにもできなくて、ため息をつかれると悲しい**
- **売れなくて会社で怒られると、自分の存在価値がないような気持ちになる**
- **他の営業が売ってきた売上から、給料をもらうしかない今が申し訳ない**

・明るくて、売上も順調で、先輩に好かれている同期が羨ましくて苦しい
・最近は会社に戻るのが憂鬱で、夕方になるとコンビニの駐車場で時間をつぶしていることへの罪悪感でいっぱい

書き出してみると、これらの「つらい瞬間」は、突き詰めると「嫌な自分」に直面している瞬間でもあるような気がしました。

・困っているお客さんの力になれない自分
・こんなわたしを採用してくれた会社の役に立てない自分
・仲間に頼りっきりで還元できていない自分
・売上面だけじゃなく、コミュニケーションでも周りを喜ばせられない自分
・できない自分の現実に向き合えず、逃げようとしてしまう自分

仕事を通じて「お金」は得ているけど、それと引き換えに、こんなにも「嫌いな自分」と1日の大半の時間を一緒に過ごしている。

これこそが、わたしのしんどさの原因だったのかも……と気づいたのです。

逆にもし、自分が今つらいのは「会社の泥臭い文化のせい」「怒ってくる社長のせい」「買ってくれないお客さんのせい」と100％割り切れたなら、きっと「自分はこのままでいい。環境を変えればうまくいくはず」と切り替えて、「つらい」と悩む前にサッサと辞めていたかもしれません。

そうしなかったわたしは、きっと心のどこかでわかっていたんです。

誰かに評価されること以前に、ただ自分で「自分が好き」と思えていないことがしんどさの根っこにあることを。

わたしは、ここでようやく気づきます。

働く理由って「お金のため」、もっと言うと「欲しいものを手に入れるため」だけなんだと思ってた。

みんなもそうだし、自分もそう。

だけど、現実としてそれだけじゃわたしは苦しかった。

「お金のため」だけじゃ、この先きっとどこかで心が折れてしまう日がくる。

だったら「好きな自分」「なりたい自分」になるために働く、っていうのもアリなんじゃないかな？

じゃあ……、もし今の仕事を頑張った先に「必要なだけのお金」がもらえて、なおかつ「なりたい自分」になれるとしたら？

想像しただけで力が湧いてきて、きっとそんな仕事なら、今よりずっと前向きに頑張れそうな気がしました。

そこで、ノートにこう書いてみました。

「仕事」＝理想の未来を実現するために働くこと
「理想の未来」＝欲しいもの＋なりたい姿

こう整理してみると、なんだかとてもしっくりきたんです。

これからのわたしは、「世間の常識から外れないため」じゃなく、「わたしの理想の未来に近づくため」に働くことにしよう。

だから、「次はどんな仕事なら幸せか」という手段を考えるよりも、まずは「働いた先にどうなりたいか」という「理想の未来」から考えてみよう、と決めたのです。

初めて見つけた、わたしだけの「理想の未来」

Q：わたしは、どんな自分になりたい？

さっきノートで「どんな自分が嫌か」を書き出すことはなんとなくできたけど、じゃあ「どんな自分になりたいの？」と聞かれると、まだハッキリとは言語化できていません。

そこでまずは、さっきの「嫌な自分」の逆を考えてみることにしました。

・困っているお客さんの力になれない自分

↓お客さんの困りごとを解決できる自分

・~~こんなわたしを採用してくれた会社の役に立てない自分~~

↓自分を助けてくれた・信じてくれた人に恩返しできる自分

・~~仲間に頼りっきりで還元できていない自分~~

↓自分の問題を自分で解決できる自分

・~~売上面だけじゃなく、コミュニケーションでも周りを喜ばせられない自分~~

↓明るい態度で、人を和ませられる自分

・~~できない自分の現実に向き合えず、逃げようとしてしまう自分~~

↓自分の課題や弱さが見えても動じず、前向きに生きられる自分

何度か書き直しながら、とりあえずの「なりたい自分リスト」ができました。
確かに、もしも自分がこうなれたらすごくうれしい。

でも頭の中では、すぐに弱気な自分の声が邪魔をします。
こんな正反対の自分になれるのかな？　どうやって？と。

まだ成功体験が少なかった当時のわたしにとって「どうせ自分には無理」という思い込みは、やっぱりなかなか根深かったのです。

そこで、「自分がこうなれるかどうか（どうせ無理）」という思い込みから離れるために、いったん自分を脇に置いて「他人」について考えてみることにしました。

Q：「好きだな」「尊敬するな」と思う人は？

わたしの中に、尊敬している2人の姿が思い浮かびました。


一人目は、母。

子どものころ、家庭で父の理不尽な怒りや母への暴力があっても、母はそんな父のことを、わたしたち子どもの前で一度も悪く言いませんでした。

父とのことでつらいことが多かったはずだと思いますが、泣き言を言わず、わたしたちに八つ当たりせず、明るい笑顔でたくさんの愛情を注いでくれた母。

きっと父と子どもを対立させないように気遣っていたんだと思います。

その愛情深さに、わたしは何度も何度も救われてきました。

そんな母のことを思い出すと、自然と「いつかもし自分に子どもができたなら、自分もこんな愛情深い母親になりたい」という気持ちになったものです。


そしてもう一人浮かんだのは、会社の上司。

わたしがしんどいながらもギリギリ会社を辞めずにいられたのは、この人がわたしの上司だったから。

ポンコツなわたしのミスでトラブルが起きても、どんなクレームをもらっても、「大丈夫。一緒に乗り越えよう」と冷静に的確な指示をくれました。

感情的にならず、つねにお客さんや会社にとってベストな結果になるように考え、最後まで心を込めて対応する。

そんな上司のことを、わたしは職場で唯一とても尊敬していたんです。


一方で、わたしの苦手だった人のことを思い浮かべてみると、大きな声やネガティブな強い言葉で人を抑圧するタイプの人ばかり。

その姿は幼少期に怖かった父の姿にも重なり、「自分はこんなふうに感情的に人を攻撃する人にはなりたくない」とあらためて思うきっかけにもなりました。

さて、こうやっていろんな角度から質問を投げてみると、なんとなく似たような答えが何度か出てきていることに気がつきます。

どうやら、わたしの中の「なりたい姿」の共通項はこんな感じ。

- **愛情深く、人に優しくできる人**
- **つらい状況でも前向きな考え方ができる人**
- **感情に振り回されず、冷静に問題を解決できる人**

はじめに書いたものより少し洗練された、なりたい姿リストの完成です。

リストを眺めていると、ふと浮かんだのは「肝っ玉母ちゃん」という言葉。

明るくドーンと構えていて、大変なときでも落ち着いて対処し、太陽のように愛情を注げるような人のイメージがぴったりだと思いました。

そこで、この3行をまとめて「肝っ玉母ちゃんのような人」と添えてみました。

思えば、わたしは意外と〝頼ってくれる人〟のために頑張るのが好きでした。

末っ子だったわたしに弟ができたとき、兄姉の誰より張り切ってずっとつきっきりで世話をしていたこと。

大学時代にもつ鍋屋さんでバイトしたとき、忙しい時間帯にバイト仲間や店長から「助けて」と頼ってもらえるのが、すごく誇らしかったこと。

きっと誰かに頼ってもらえるのは、わたしの中で「肝っ玉の座ったかっこいい女性」にほんの少し近づけたようでうれしかったのだと思います。

もしかすると、昔から「可愛らしい」というよりは「かっこいい」という言葉の似合う人に憧れていたのかもしれません。

わたしは「肝っ玉母ちゃん」になりたい。

今は仕事で毎日失敗して落ち込んでばかりだけど、いつか「どんなことが起きても動じない、笑い飛ばしてすぐに前を向けるかっこいい女性」になりたい。

こうして過去、現在、未来と何度も往復し、自分とじっくり向き合って、わたしは初めて「理想の未来」を言語化できたのでした。

そこには、今までの「ニセモノの自己分析」では得られなかった納得感がありました。

そしてふしぎなことに、「理想の未来」を言語化した次の日から、あれだけ「逃げたい」と思っていた目の前の仕事のモチベーションが上がったのです。

お客さんに無茶振りされたときも「こんなとき肝っ玉母ちゃんだったら、なんて切り返すだろう？」と思えたし、多少のミスも「わたしはいつか肝っ玉母ちゃんになるんだから、切り替えよう！」と心がけることができた。

そんなふうに仕事への向き合い方が変わっていった結果、少しずつ、以前より売上があげられる日も出てきました。

売上のために自己分析したわけではなかったのですが、思ってもみない効果でした。

「理想の未来」の見つけ方

さて、ここまで順を追ってお伝えしてきたように、自分の中の「理想の未来」を見つける方法は、いろんな角度から自分に「理想の未来」を問いかけてみることです。

たとえば、

欲しいものの場合

- これからどんなものが欲しいか
- どんな暮らしやライフスタイルを手に入れたいか
- 過去に良かった思い出で、また体験したいことはなにか

なりたい姿の場合

- これから自分はどんな人になりたいか
- 過去に充実していたとき、どんな自分だったか

・どんな人が好きで、尊敬できるか

など、**同じような質問を、角度を変えて何度も問いかけてみるのがポイント。**

人や状況によって「欲しいもの」「なりたい姿」どちらかに偏る場合もあります。

質問に答えていくうちに、何度も似たような答えや共通項が見えてきたなら、それはあなたにとって優先順位の高い「理想の未来」だと考えていいでしょう。

さらにこのとき、他人に評価されそうな答えを書く必要も、「こうなりたい」というポジティブな探し方にこだわる必要もありません。

わたしもそうでしたが、「こうなりたくない」「こんな生活はつらい」など、ネガティブな本音から「自分の求めている理想」がわかることもあります。

過去や現在を含めて何度も質問し、じっくり丁寧に自分の気持ちを見ていくと、きっと自分の中からじわじわと「理想の未来」があぶり出されていくはずです。

あなたが心から叶えたいと思う「理想の未来」はなんですか？

第3節

「理想の未来」を描いたら「適職」が見つかった

なりたい自分になるために必要なもの

自分の中に「肝っ玉母ちゃんになりたい」という「理想の未来」が定まってからというもの、わたしの脳内シェアは完全にそればかりになりました。

繰り返しになりますが、わたしの「肝っ玉母ちゃん像」の条件は3つ。

- 愛情深く、人に優しくできる人
- つらい状況でも前向きな考え方ができる人
- 感情に振り回されず、冷静に問題を解決できる人

理想の未来（わたしの場合）

欲しいもの

奨学金が完済できるお金

なりたい姿

肝っ玉母ちゃん

- 愛情深く、人に優しくできる人
- つらい状況でも前向きな考え方ができる人
- 感情に振り回されず、冷静に問題を解決できる人

肝っ玉母ちゃんのイメージ

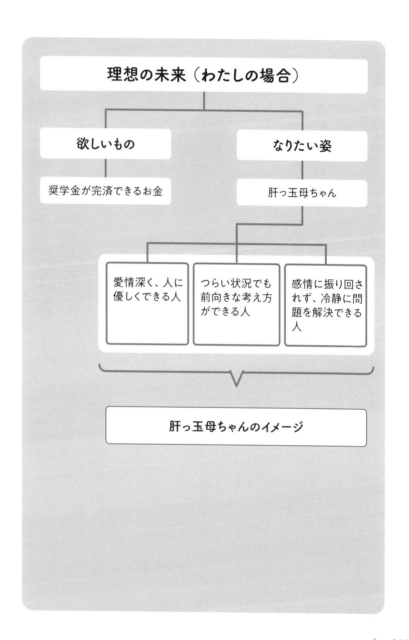

営業先に向かう車の中でも、暇さえあれば「どうしたら肝っ玉母ちゃんに近づけるかな？」とついつい考えてしまいます。

そこでまたしてもノートを開き、具体的な作戦を書き出してみることにしました。

Q：「肝っ玉母ちゃん」になるために、具体的になにが必要？

まず、今の自分がかけ離れていることだけはなんとなくわかるから、今よりだいぶスキルアップしないといけないいんだろうな。

それなら、まずは「どんなスキルを身につけるべきか」を考えてみよう。

そこで、3つの条件それぞれについて考えてみると、

・愛情深く、人に優しくできる人

――必要なスキル↓自分と違う価値観の人を理解し、受け入れられる力　かな？

（今のわたしにはこれがないから、人見知りや好き嫌いが激しいのかも）

・つらい状況でも前向きな考え方ができる人

――必要なスキル↓物事をポジティブに解釈する力　だろうなぁ

（わたしは昔からずっとネガティブ寄りなんだよな……）

・感情に振り回されず、冷静に問題を解決できる人

――必要なスキル↓物事を一歩引いて見つめて、論理的な解決策を出せる力？

（こうなりたいと思いつつ、感情的にくよくよしてばっかりだなぁ）

残念な心の声はありつつも、いったん「必要なスキル」が3つ出てきました。

これが正解かどうかはわからないけど、少なくともこれらを身につけられたら、自分の理想の「肝っ玉母ちゃん」に今よりも近づけそうなことは確実です。

「理想の未来」＝欲しいもの＋なりたい姿

少し前に書いたこの公式で表すなら、こんな感じ。

わたしの理想の未来＝450万円の貯金＋肝っ玉母ちゃん3大スキル

これらをすべて得ることが、わたしの「働く理由」になりそうです。

ということは、最低限の「奨学金450万円の貯金」を稼げて、かつ、この3つのスキルが身につく仕事がなにか？　を具体的に考えていけばいいんだなとわかります。

夢の期限が決まるとき

ここで、ちょっとしたハプニングが。

ある日、友達とカフェでおしゃべりしていたとき、なにげなく話題にのぼった「結婚予定の相手に借金があることが発覚し、婚約破棄をした先輩の話」を聞きました。

なんとなく「30歳くらいで結婚できたらいいなぁ」とのんきに思っていたわたしは、その話を聞いて猛烈に焦ってしまいました。

なぜなら、わたしにも「奨学金」という名の借金が450万円あったから。

それも、社会人スタートと同時に毎月約2万円ずつの返済が始まったばかり。まだほとんどの返済が残っていて、このままのペースなら40代での完済予定です。

借金があると結婚がしにくいらしい→40代で借金完済するわたしは40代まで結婚ができない→結婚や出産などライフイベントの難易度が上がる……？

今でこそツッコミどころも多々ありますが、恐ろしいほど無知だったわたしの脳裏には、なんとまあそんな単純な図式が浮かんだわけです。

そもそも「肝っ玉母ちゃん」は単なる比喩で、この時点で「なんとしても母親になりたい！」までの熱量はなかったのですが、将来的な選択肢としてはその道も考えていたので、「できれば30歳くらいで結婚を」と想像していました。

理想通りのライフイベントを迎えるためには、一刻も早く奨学金を繰り上げ完済しておいたほうがよさそうだ。もし30歳で結婚を目標にするなら、20代のうちに450万円を返し切る必要がある。

そうして「コツコツ450万円稼げればいいか」というのんびり目標が、突如「あと数年で450万円を稼ぎ切らねば」と期限付きの目標にはっきり変わったのです。

わたしの20代はとにかく全力で働いて、目標金額を稼ぐ期間になりそうだぞ……。

わたしの理想の未来＝20代で450万円の貯金＋肝っ玉母ちゃん3大スキル

ノートに書いた目標を修正しながら、わたしは唾をゴクリと飲み込みました。

気を取り直して、ともかく期限までに「欲しいもの」と「なりたい姿」の両方をゲットできる仕事を具体的に考えていかねば。

もちろんスキルを身につける手段としては仕事以外でもいいわけですが、どうせ期限までに目標のお金を稼がなければいけないのなら、その働く時間で「なりたい姿」もめざせたほうが一石二鳥です。

というわけで、どんな仕事をすれば理想の未来が叶うのか、具体的な仕事を絞っていくことにしました。

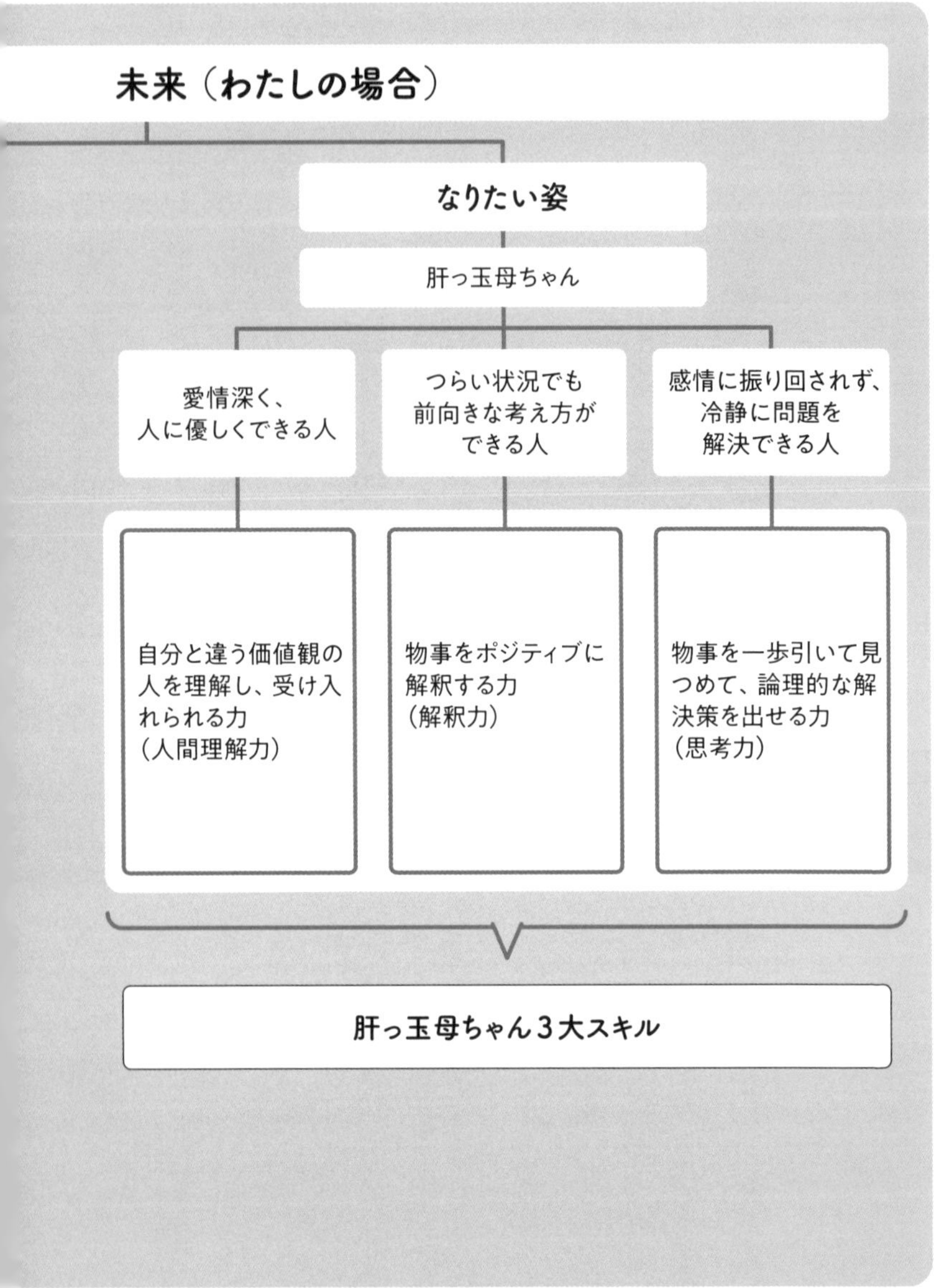
未来（わたしの場合）
なりたい姿
肝っ玉母ちゃん
愛情深く、
人に優しくできる人
つらい状況でも
前向きな考え方が
できる人
感情に振り回されず、
冷静に問題を
解決できる人
自分と違う価値観の
人を理解し、受け入
れられる力
（人間理解力）
物事をポジティブに
解釈する力
（解釈力）
物事を一歩引いて見
つめて、論理的な解
決策を出せる力
（思考力）
肝っ玉母ちゃん３大スキル

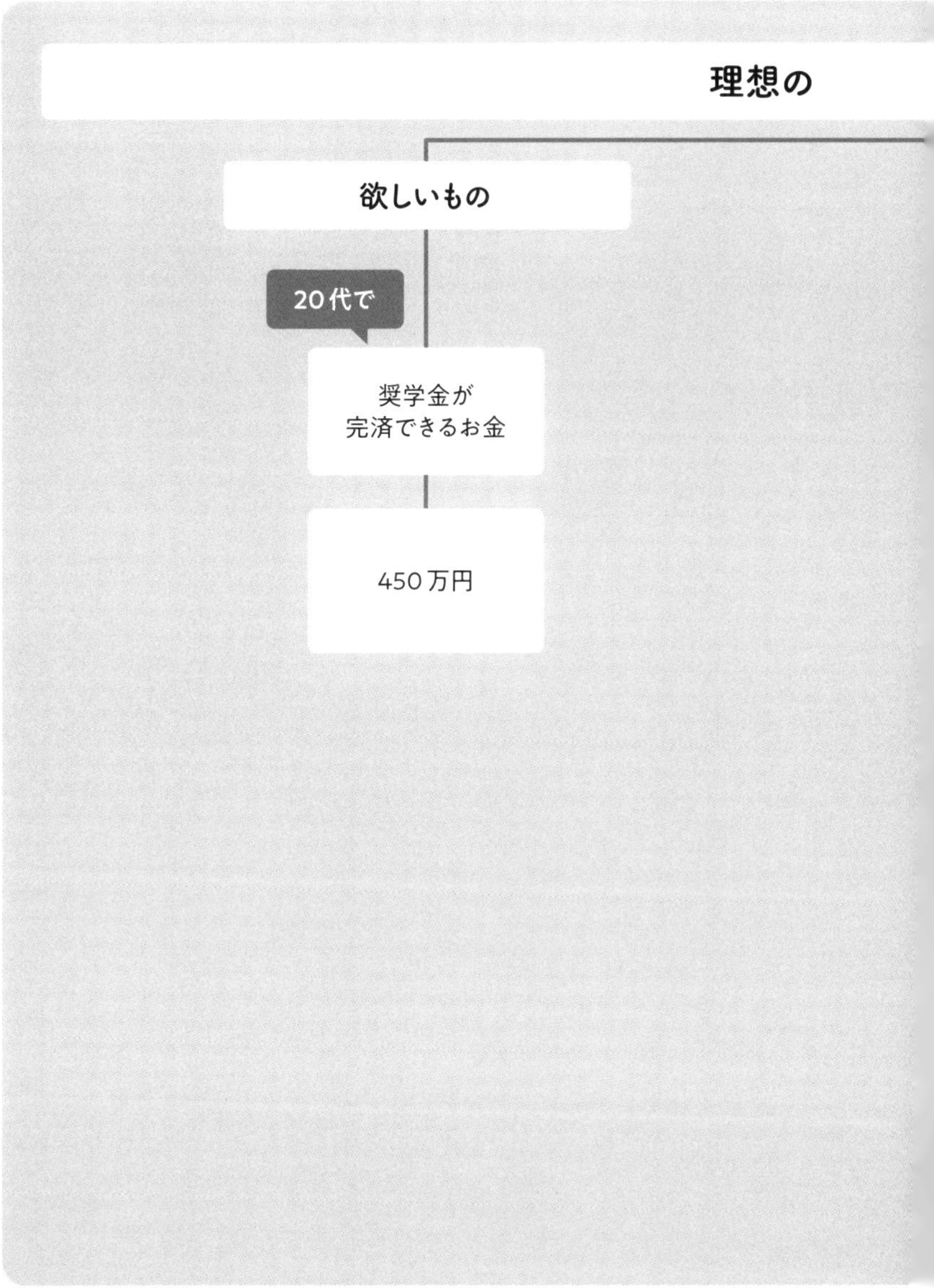
理想の
欲しいもの
20代で
奨学金が
完済できるお金
450万円

まず、わたしの「理想の未来」に必要なのは、次の4つの要素でした。

欲しいもの：奨学金の返済分

1. 20代で450万円の貯金

なりたい姿：肝っ玉母ちゃんに必要なスキル

2. 自分と違う価値観の人を理解し、受け入れられる力（人間理解力）

3. 物事をポジティブに解釈する力（解釈力）

4. 物事を一歩引いて見つめて、論理的な解決策を出せる力（思考力）

これらを手に入れられそうな仕事の条件はなにか、1つずつ検索をかけたり、実際の求人などを見比べながら、コツコツと整理していくことにしました。

まだこの時点では「転職しよう」と決めずに、そもそも「今の仕事を続けるか、転職したほうがいいいか」まずはっきりさせよう！くらいに思いながら。

めざせ、20代で450万円貯金。どんな仕事を選ぶべき？

ここから、当時調べながら学んだことや、思考回路をそのまんま書いていきます。

Q：「20代で450万円の貯金」を達成する条件ってなんだろう？

「職種」で見ると、やっぱり「営業職」はあてはまりそうな気がする。

他の職種でも給料が高い求人はあるけれど、専門性が高かったり、それなりの経験年数が必要だったりで、20代の今すぐに就くのは難しそうだ。

その点、営業だったら、20代とか未経験でも応募できる求人はかなり多いな。

会社の売上に直結する仕事なだけあって、ちゃんと売上を作れたらその分のインセンティブ（成果報酬）がある会社も多いみたいだし。

あれ？　でも、今の会社は年功序列でインセンティブなんてないじゃん。

これじゃ、20代、もとい残り6年くらいで450万円貯めるには工夫が必要かなぁ。

うーん、ってことは「評価制度」や「社風」も見るべきかもしれない。

たとえば、年功序列の逆で若手が活躍しやすい「成果主義」とか、「20代でも昇給できた実績がある」とか。調べてみると「スキルアップのための研修や福利厚生」なども会社によってだいぶ違うみたいでした。

ふむふむ、ベンチャーやスタートアップなど若手が多い職場はこういう傾向なんだ。わたしが今働いている会社だと、ほぼ研修なしで完全にＯＪＴ（やりながら学ぶ）だけだけど、そうじゃない環境も世の中にはたくさんあるんだな……知らなかった。

よし、あとは「業界」か……と求人サイトを漁っていると、そこには驚きの事実が。

業界によって給与水準ってかなり違うじゃん！ということ。

ってこれ、わたしは恥ずかしながらこのタイミングで初めて知りました。

ただただ内定がないことに焦っていた新卒就活のときは、せいぜい目先の「初任給」の数字くらいしか見ていなかったんですよね。

でも確かに、実際にお酒業界で働き出して初めて、「お酒の利益って、こんなに低いの？」とものすごく驚いたんです。仮にスーパーに並ぶようなお手頃価格のお酒を頑張って売っても、1本の利益は数十円、よくて数百円ほど。

メーカーからの仕入れコストに加え、自社の事務・営業・物流のコストを考えるともう雀の涙ほどの利益しか残らないことは、当時の無知なわたしにすらわかりました。

一方、製造に上限のない「無形商品」を扱う業界の給与水準が高いことを発見。

たとえば、オンライン完結のWEBサービスやアプリなどは、〝もの〟に比べて材料の仕入れや物流の原価がかからない上に、販売できる数の上限もない。

だから、利益が膨らみやすい構造なんですよね。

そうすると、たとえお酒業界と新卒の初任給は同じくらいだったとしても、2年目、3年目と年次が上がるにつれて、めちゃくちゃ年収の差が開いていきやすい。

20代で稼ぐことに重きを置くなら、業界は今とは変えたほうがよさそうです。

こんなふうに**「職種」「制度」「社風」「業界」**などを具体的に考えていくと、つくづく「過去の自分の選択」がいかに他人に流されてきただけだったのかを思い知らされました。

これまで一度も「自分が働く目的」や「自分の目的に合った環境かどうか」をちゃんと考えないまま会社に入って、毎日働いていたという現実。

そんなことにクラクラしつつも、少しずつ「わたしが就くべき仕事」の輪郭がくっきりしていくことに対して、うれしく思っていました。

20代で450万円貯金できそうな仕事の条件まとめ

- インセンティブありの営業職
- 成果主義で若手も稼ぎやすい社風
- IT系など無形商品を扱う業界

「なりたい姿」を叶える仕事はなに?

もちろんただお金が稼げるだけでは、わたしの「理想の未来」ではありません。

そこで次に、「なりたい姿（＝肝っ玉母ちゃん）」に必要な3つのスキルが身につきそうな仕事の条件についても考えてみました。

1. 自分と違う価値観の人を理解し、受け入れられる力
2. 物事をポジティブに解釈する力
3. 物事を一歩引いて見つめて、論理的な解決策を出せる力

まず1つ目の「自分と違う価値観の人を理解し、受け入れられる力」。

これは、やっぱり手っ取り早く「いろんな人に出会う仕事」がいいんだろうな。

たとえば「業界規模」だったら、もしかしたら今のように小さな会社より大企業のほうが「仕事で関わる人数」が多くて、その分、いろんな人と出会えるかもしれない。

もしくは、さっきも挙げた「営業職」とか「講師業」「接客業」も「人に会う仕事」だな。

営業の場合は、今の仕事みたいに既存客が中心のルート営業スタイルよりも、新規開拓がメインのほうが「人との出会いの母数」って意味では、より合ってるのかも。


続いて2つ目の「物事をポジティブに解釈する力」。

これが身につく仕事は……うーん、ちょっとわかんないな。

でもなんとなくポジティブな人が多い環境のほうが、自分にも前向きな考え方が伝染しそうな気がする。実際、今の会社はずっと社長たちが怒ってすごくピリピリした雰囲気だから、気にしいなわたしはよけいに焦っちゃうし……。もしかしたら新しい業界や若い人が多い会社のほうが、伝統ある業界よりもいいかもしれない。

もし転職するなら、事前に口コミサイトで「会社の雰囲気」はできるだけ読み込んでおこう。

ミスや失敗を詰めるより、ミスしない仕組みやカバーする体制などがある会社は、よりポジティブそうな気がするから、もしどこかの会社の面接に行けたら、そういう雰囲気、さりげなくチェックしたいな。

最後に3つ目の「物事を一歩引いて見つめて、論理的な解決策を出せる力」。

これはどうだろう？ イメージ的には同じことを繰り返すルーティンワークよりも、頭を使って考える時間が長いほうが、より身につきそうな気もするな。

職種だったら「経営」とか「企画」みたいな考える系？

あ、でも調べたら営業でも、無形商品だと「企画営業」みたいな求人も多いんだ。

なるほど、「形のないサービスを売る」ってことは、今わたしがお酒を売るときにはできないような「商品のカスタマイズ」もしやすいから企画要素があるってことか。

確かにそういう営業スタイルだと、より「問題自体を見つける力」とか「解決策を考える力」って身につきやすいのかもしれない。


肝っ玉母ちゃん3大スキルが身につきやすそうな仕事の条件まとめ

- いろんな人に出会える大企業・営業・講師業・接客業など
- ポジティブな雰囲気の会社（口コミや面接で確認！）
- 経営、企画、無形商品の企画営業など「考えること」が重視される職種

自己分析の末、たどりついた「適職」の結論

さて、こんな具合で、わたしの「理想の未来」に近づけそうな仕事の条件が具体的に見えてきました。

そして、このチェックリストをまじまじと見て「よし、転職活動しよう！」と決意。

ここまですべてわたしの頭の中の考えに過ぎず、現実の状況はなに1つ変わっていないのに、そのときは、なぜか一気に目の前がクリアになった感覚がしたのです。

それはきっと、初めて「理想の未来」という目的地が定まって、「そこにつながる道のり」がイメージできたから。

近いか遠いかじゃないんです。むしろ果てしなく遠い気もしていましたから。

でも、

「とりあえずこの道を一歩ずつ進んでいけば、いつか『理想の自分』になれるんだ」そう思えたことが、安心感と納得感につながりました。

ここで、ふと気がついたことがあります。

「適職」って、この「自分のたどり着きたい『理想の未来』を叶える仕事」のことだったんじゃないか？ということ。

今回、「適職」を見つけるために、まず「理想の未来」から逆算しました。

「どんな仕事をしようかな」から考えるのではなく、まずは最終的に「どうなりたいか」を決めて、「それを実現できそうな仕事」を導き出す、という流れ。

それはたった1つの運命的な仕事とかではないかもしれないけど、「着実に理想に近づける仕事」だと考えれば、十分自分に適した仕事ではないでしょうか。

それまでわたしは漠然と「お金をたくさん稼げる仕事」とか「自分にとって楽な仕事」とか、そういうものが「適職」なのかな？　と思っていました。

でも、「お金がたくさん欲しいかどうか」や「楽な仕事をしたいかどうか」は、人によって違います。

「お金がなくても、仕事中心の生活じゃなく家族との時間を大切にしたい」という人もいれば、「一人で黙々と技術を磨き上げる仕事で、達成感を得たい」という人もいる。つまり、みんなそれぞれの「理想の未来」に向かって生きてるし、働いているんですよね。

だからこそ、その「理想の未来」により近づける仕事を選べたら、それがその人にとっての「適職」なんじゃないかと思えたのです。

未来（わたしの場合）

なりたい姿

肝っ玉母ちゃん

愛情深く、人に優しくできる人	つらい状況でも前向きな考え方ができる人	感情に振り回されず、冷静に問題を解決できる人
自分と違う価価の人を理解し、受け入れられる力（人間理解力）	物事をポジティブに解釈する力（解釈力）	物事を一歩引いて見つめて、論理的な解決策を出せる力（思考力）
条件: 色んな人に出会えること ●大企業 or ●営業職（新規開拓） or ●講師業、接客業 など	条件: ポジティブな人が多いこと ●歴史的に新しい業界（ITなど） ●年功序列ではなく、若い人が多い会社 ●口コミや面接で感じる社員の雰囲気が明るい会社 など	条件: 頭を使って考える時間が長い業務 ●経営 or ●企画 or ●無形商品の企画営業 など

肝っ玉母ちゃん3大スキルが身につきやすそうな仕事イメージ

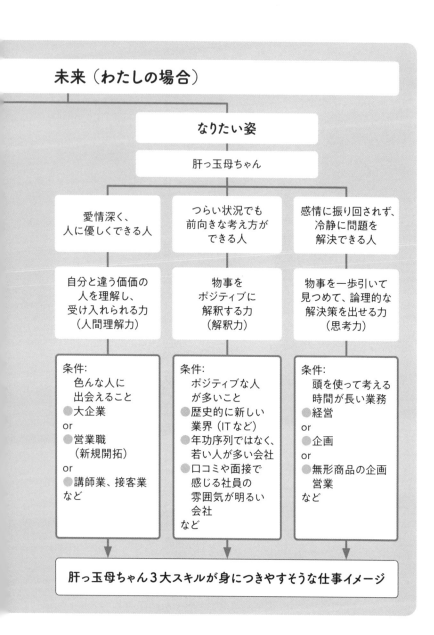

理想の

欲しいもの

20代で

奨学金が
完済できるお金

450万円

職種:
インセンティブがあること
- 営業

など

社風や制度:
20代で稼ぎやすいこと
- 成果主義
- 20代の昇給事例あり
- スキルアップ研修が充実

など

業界:
無形商材を扱うこと
- IT、WEBサービス
- 保険
- 金融
- 広告
- 人材紹介
- コンサル

など

20代で450万円を貯金できそうな仕事イメージ

社会人2年目、初めての転職活動

さて、最後にわたしの初の転職活動の結果はどうなったでしょうか？

なんと、希望ドンピシャの会社に内定をいただくことができました。理想の条件に近いな、と思った会社をまずは1社だけ受けてみたら、見事受かったのです！


2社目は広告会社で、医療系メディアの企画営業をすることに。

病院やクリニックの院長に、自社メディアを使った広告出稿を提案する仕事です。

小さなベンチャー企業で、社員は若手中心。

まだまだ成長期の会社だったので社員一人の裁量権が大きく、成果次第で若くても昇給がめざせる社風に魅力を感じて入社を決めました。

最終面接で、社長に「わたしの理想の未来は、肝っ玉母ちゃんになることです」と伝えたら、一瞬時が止まったあと、「君は素直でおもしろいね」と言われたのを懐かしく覚えています。

一般的に中途採用では即戦力を期待されるので、「1社目で身についたスキルや実績を深掘りされたら、きっと落ちるだろうな……」と半ばあきらめ半分だったのですが、ギリギリまだ第二新卒枠として見てくれたのか、即戦力ではなくポテンシャル採用をしてくれたことが最大の幸運でした。あのときわたしを「おもしろいから」と拾ってくれた社長には、今でもすごく感謝しています。

とはいえ、会社が変わったからと言って、いきなり別人のようにスキルが上がるはずもなく、やっぱり簡単にはうまくいきません。

残念ながら、安定の「営業成績ビリの女」からのスタートとなりました。

それでも、「いつか絶対にどうにか乗り越えてやるんだ」と前向きに思えていたからふしぎです。

きっと、本当に欲しい「理想の未来」を決めて、今ここで頑張ることが「理想の未来」への最短ルートなんだ！　と確信が持てていたからだと思います。

第1章

「理想の未来」の描き方

のエッセンス

- 「わたしは○○」「世界は○○」という思い込みによって理想の未来が叶わないことがある
- 不要な思い込みを書き換えるには、「その思い込みを持ち続けた結末の予想」と「真逆の思い込みに触れる体験」が有効
- 「適職」とは「自分の理想の未来を叶える仕事」のこと。たった1つの絶対解はない
- 理想の未来は「欲しいもの」＋「なりたい姿」で構成され、日々変化する
- 理想の未来を見つけるには「欲しいもの」と「なりたいもの」を角度を変えて何度も問いかけるとよい

第2章

営業ビリのわたしに先輩がくれた衝撃の言葉

――「強み」の見つけ方

わたしはずっと「自分に強みなんかない」と、本気で信じて生きてきました。

学生時代の成績もパッとせず、就活では100社に落ち、やっとの思いで入社して必死に頑張ったはずの仕事でも営業ビリの赤字社員。

いつも出来のいい兄姉や同級生と自分を比べては「わたしだって彼らみたいに、なにか強みの1つでも持って生まれてたらな……」と心の中で激しく妬《ねた》んでいました。

ところが社会人2年目にして、ついにわたしにも待望の「強み」が見つかることに。

そのとき、「強み」というものの正体を初めて正しく理解したのです。

実は「強み」というのは、「弱み」と表裏一体になっているもの。

たとえば、みなさんもよく知っている「コーヒー」の強みはなんでしょうか？

わかりやすいところで言えば、「カフェインが入っていて、眠気を覚ましてくれること」ですよね。

朝の出社前、ランチ後の会議の前、徹夜でやらないと間に合わない作業……などのお供に、コーヒーを選ぶ人は多いはず。

でも、なんとこの強み、使い方を間違えると一瞬で「弱み」になってしまいます。

もし絶対に早起きしたい日の前夜、うっかり夕食後にコーヒーを飲んでしまったら？

布団の中で目がギンギンに冴えて眠れない中、大後悔。

朝の絶対的味方だったはずの「眠気を覚ますカフェイン」が、たちまち「弱み」として働いてしまうのです。


わたしが見つけた正しい「強み」の定義とは、一体なんだったのか？

具体的にどうすれば「強み」に気づいて、活かすことができるのか？

「強み」が見つかったら、人生がどんなふうに変わっていくのか？

この章では、わたし自身が「強み」を見つけた5つのエピソードをご紹介します。

第1節

話し下手なコンプレックスが強みに変わった日

転職1年目、営業ビリで再出発

地方の会社へ車で通勤していた毎日から一変し、都心のオフィスビルへぎゅうぎゅうの満員電車に揉まれながら通勤する日々が始まりました。

「よぉし、ここで今度こそ絶対に成果を出して稼いで、20代で奨学金を返し切る！」

そう意気込んで入社したものの……1社目とはまったく違う営業スタイルに、わたしは早々に出鼻をくじかれてしまったのです。

前職は既存客へのルート営業だったので、新たに自社を知ってもらう努力は不要。すでに取引があるので、ある程度「買ってもらえること」は決まっていて、あとは「例年よりも多く買ってもらえるかどうか」を考えて営業に向かっていました。

ところが2社目では、まったくの新規客への営業がミッションに。

それも、名もなきベンチャー企業のサービスですから、簡単に契約など取れません。

現実は厳しく、またしても成果ゼロ、営業ビリからのスタートとなりました。

それでも理想の未来のため、あきらめるわけにはいかないので、

「なんとか自分のこと、自社のことをうまく伝えなければ」

そう考え、売れている営業の先輩の営業トークを録音。

何百回と聞きまくって頭に叩き込んで商談に出かけてはいくものの、見事なまでに撃沈して返ってくる日々が続きました。

しかし、ありがたいことに、こんなわたしを助けてくれる仲間がいました。

何件商談に行ってもなかなか売れないわたしの状況を察し、営業部の先輩たちが

「商談のロールプレイング特訓」をしてくれることになったのです。

毎朝8時にチームの先輩方が2人ずつ交代で出社してくれて、わたしの商談を見てフィードバックをもらい、改善してまた翌日に活かす……という特訓の日々です。

先輩方への感謝もあり、なんとかして営業トークを身につけて一人前にならなくちゃ！といっそう気合が入りましたが、現実は思い通りにいきませんでした。


「ドアノックして入ってくるときの挨拶がちょっと暗すぎるかな……」

「話し方が淡々としすぎてて、ロボットが話してるみたい。もっと抑揚つけよっか」

「ちょっと話に間がありすぎ。お客さんは忙しいし、時間ばっか気になっちゃうよ」


お気づきでしょうか。まず「商談の内容」以前に「話し方」の指摘の嵐です。

先輩方が丁寧にフィードバックをしてくださるものの、1つ気をつけたら他のことが抜け、またそちらに気を取られて別の点が抜け……という状態で、わたしはいっこうにスムーズに話せるようにはなりませんでした。もう情けなくてたまりません。

なかなか進まないので、いったん話し方には目をつぶってもらっても、

「最初に用件を言わないと、こっち（お客側）も話を聞く姿勢がつくれないよ」

「話が長すぎて、なにを言いたいのか全然わからない」

「こちらの質問に対する答えがズレていて、よけい混乱しちゃうかも」

「そもそものサービス説明が間違ってる。商品のこと、覚え直そう」

「相手の反応も待たずに一方的に喋りすぎだから、まずは対話をするのを心がけよう」

こちらも、もはや書ききれないほど課題は山積み。

忙しい先輩方の時間をすでに何十時間も使わせているのに、同じことを何度も指摘させてしまい、まったく成長を見せられない自分に悔しさが募ります。

1つひとつできるようになっていこうね、と言ってくれる優しさに、逆に怒鳴られたほうがまだマシかもしれない……と苦しくなっていきました。

「君の強みはこれだよ」と言われた日

そんなある日のこと。

いつものように朝の特訓を終え、肩を落としてデスクに戻ると、隣の席の先輩が声をかけてきました。

先輩は社内一の売れっ子営業マンで、早朝の特訓にもなかなか来られない多忙な人でしたが、その日はたまたま遭遇したのです。

「お疲れ。その顔は、またうまくいかなかったん？」

暗い顔でわたしがうなずくと、わかりやすいな、と先輩はケラケラ笑いました。

そして次の瞬間、こう言ったのです。

「まあ、愛さんはマジで喋るの下手やもんね。ロープレで話し方中心に鍛えても、なかなかうまくならんやろなー。

でもさ、愛さんは喋ることより〝聞くこと〟のほうが得意なんちゃう？
俺はそっちの強みを活かせばいいと思うけどなあ」

ん？　先輩はなにを言ってるんだろう……？
脳がフリーズし、困惑した表情を浮かべるわたしを見ながら、先輩は続けます。

「愛さんって、会社でみんなの話を最後まで邪魔せず、真剣に聞いてるイメージなんよね。人の表情とかもじっと見て、気持ちを読み取って動いてるように見える。
俺もそういう共感力みたいなものがあったらって思わされる。

愛さんは気づいてないかもしれんけど、それはきみの才能やと思うよ」

え……？　わたしの……才能？
「話を聞くこと」「共感すること」って、こんなものが……？
ガツンと頭を殴られたような衝撃のあと、目の奥からジワっと涙があふれてきました。

「これがきみの才能だ」なんて言ってもらったのは、生まれて初めてだったからです。「人よりできないこと」が圧倒的に多くて、ずっと「自分には才能なんてない」と思って生きてきたわたしにも、なにかの長所があるのかもしれない、と一瞬でも思えたことがすごくうれしかった。

「愛さんは喋ることより〝聞くこと〟のほうが得意なんちゃう?」

さっき先輩がくれたこの言葉の意味を、わたしは頭の中でずっと考えていました。

今はまだ全然信じられないけど、もしも先輩が言うとおり、「聞くこと」がわたしの強みなんだとしたら……、それをやってみろってこと?

翌日、タイミング良く入っていた商談の場で、わたしはためしに「話を聞くこと」だけを意識してみることにしました。

今までのようにプレゼンの台本をがっつり準備するのではなく、一枚の「質問リスト」だけをにぎりしめて。

それは、見込み客の情報を調べて、気になったことをとにかく紙に書き出したもの。

こんなたった一枚の紙切れしか持たないことに不安で仕方ありませんでしたが、「とにかくこれは検証だから！」と自分を奮い立たせて商談に向かったのでした。

いざ、「強み」の検証。わたしは本当に「聞き上手」？

商談が始まり、さっそくわたしはリストからお客様である院長に質問を投げかけます。

「本日はお時間ありがとうございます。お会いできてうれしく思っております。

ちなみに本日はなぜお時間をいただけましたか？」

いつもだったら、「本日はお時間ありがとうございます。それでは、お時間もあるのでさっそくですが弊社のサービスについて～」と早々に自分から話しているところ。

でも、今日は実験の場。我慢我慢、っと。

すると、院長は「きみが熱心に手紙を書いてくれたからかな」と答えます。

実はこの商談、事前にお手紙を送ったことで先方から連絡をくださったものでした。またいつものわたしが出てきて、「それはありがとうございます。その件なんですけれども、実は弊社は〜」と言いそうなところ、グッとこらえて、また質問をします。

「お送りさせていただいた手紙の中で、なにか気になった点はありましたか？」

「どこがっていうか、きみが自分のところのサービスが好きな気持ちが伝わってきたからかな。仕事に対して真剣な人は好感が持てるし、話だけでも聞いてみようかと思ったんだよね」と院長。

「それは光栄です。ただ、先生のご著書を拝読して感じたのですが、きっと先生ご自身がいつもお仕事に対して誰より真剣に向き合っていらっしゃるから、私の手紙にもそう感じていただけたんじゃないでしょうか？」と返してみました。

うーん、これじゃちょっと無理やり質問を投げすぎか？　あぁ、わからない……。

自分の質問のセンスについてぐるぐると考えていたら、院長はポツリと言いました。

「いやあ。僕はもちろんそうありたいと思ってるけど、実際なかなか周りのスタッフとは温度差があってね……」

ん？　なんか話題が展開しそう？　もしかして、意外といい質問できた……のか？

準備してきた質問リストを握りしめ、胸が高鳴りました。

そこからです。院長が、悩んでいる胸のうちを少しずつ話し始めてくれたのは。

自分の理想の医療をしようと開業したクリニックで、同じ志の仲間が集まらないこと。大病院を辞めてまで実現しようとした理想がなかなか叶わず、もどかしいこと。

わたしは、ものすごく驚きました。

お恥ずかしながら、わたしにとって「お医者さん」とは「頭が良くて、悩みなんてなさそうな人」というイメージしかなかったからです。

けれど、やがて自然と「どうしたら院長の思いがスタッフに浸透するか？」について、真剣に考え始めている自分がいました。

うちのサービスで役に立てることはないか、もしくはそれ以外の手段でもなにか情報をシェアできることはないか……と。

残り時間が少なくなったころ、ふと社内で先輩から聞いたことのあった「自社サービスの広告で求人がうまくいった事例」を思い出しました。もしかしたら、このクリニックでも活用できるかもしれない。

当然そんなトーク練習なんてしていないので、ものすごくつたない言葉で、ところどころ言葉に詰まりながらも、ただ伝えたい一心で一生懸命話しました。

すると、10秒と経たずにこんな返事が返ってきたのです。

「それはいいね。ぜひ力を貸してください。契約の具体的なお話はできますか？」

まぎれもなく、転職して初めての成約が飛び込んできた瞬間でした。

長いこと浴び続けた「うちはいいかな」が「契約させてほしい」に変わった日。

入社してから、実に3か月が経っていました。

その場で契約プランをご説明し、契約書に判を押していただいてから、最後の質問をしました。

「どうしてご契約してくださったんですか？　わたし、全然うまくお伝えできなかったのに……」

「一人でずっと悩んでたから、今日きみが一生懸命話を聞いてくれて救われた。どうしたら良くなるか一緒に考えてくれて、本当にうれしかったんだよ」と院長。

涙、ギリギリこらえました。あぶなかった。

お礼とともにクリニックを出てから、駅までの帰り道だけは我慢せず、泣きました。うれしさだけでこんなに涙が流れることもあるんだな……、と噛み締めながら。

コンプレックスの裏側に隠れた「強み」の見つけ方

さて、わたしがこの体験から学んだのは、「自分の特徴の捉え方」を変えただけで、ときに驚くほど結果が変わるということです。

この例でも、先輩方のフィードバックでボロボロになっていたわたし自身の能力はなにも変わっていないけど、ただ「聞くこと」が強みだ、と言われたことを少し意識しただけで、それまでよりも入念なリサーチや質問リスト作りなどの行動が加わり、院長の反応が変わり、運良く結果まで変わってしまいました。


わたしはずっと「喋るのが苦手」とコンプレックスにばかり目を向けていました。

でも、それは裏を返せば「人の話をよく聞けること」でもあったかもしれない。


そう捉えてみると、その瞬間から、自分の見え方がちょっと変わります。

日常のささいな瞬間に「話を聞けた自分」に自然と目が向くようになるんです。


たとえば、上司との雑談で「今週この案件が山場なんだ」と聞いたとき、わたしはその後のコミュニケーションに自然と気を配っている自分に気づきました。

忙しい上司が10秒でも読めるように、メモにタイトルをつけておこうかな、とか。

この案件の決裁をもらうなら、あの大きい会議が終わってから話しかけよう、とか。

わたしはこんなふうに何気なく相手の話を聞いて、気を配っていたんです。

思えば、初成約のシーンでもそう。目の前の院長が困っているときに「そういえば、求人がうまくいった事例を聞いたことがある！」と思い出せたのも、社内でいろんな人の話を聞いていたからでした。

このように、「話を聞くこと」のおかげで得ていたこと・できたことは、注目すればたくさんあったのです。

誰にでも知らず知らずのうちに活かしている「特徴」は必ずあって、ただそれに真剣に目を向けるかどうかなのだ、と今は思います。

「コンプレックスだ」「克服しなきゃ」と思うだけでなく、その裏側で「できていること」を認識するだけで、もしかしたら自分の武器が1つ増えるかもしれない。

あなたにとっての「コンプレックス」はなんですか？

第2節

半信半疑で働く日々……成果につなげる「強み」の伸ばし方

「強み」が見つからなくても「強みの種」を見つければいい

先輩の一言から「聞く営業」をためし、無事に初成約した後のお話です。

初成約ハイで「話を聞くの楽しい！」と浮かれ、そのまま劇的にトップ営業へ！

……なーんてわけもなく、実際のところは、そこから待てど暮らせど2回目の成約の気配はなし。

あぁ、あの初成約はたまたまだったんだ……、と痛いほど思い知りました。

というのも、どんなにわたしが「商談で話を聞くぞ」と息巻いても、ほとんどの相手には思ったように話を聞くことができなかったからです。

「営業マンが来た！」という警戒心からまったく話す気になってもらえなかったり、そもそも多くを語らないタイプの方だったり、忙しくて物理的にわたしと話せる時間が10分しか取れない……など。

「わたしって全然聞き上手なんかじゃないな……」

撃沈続きで落ち込みもしましたが、でもまあ、考えてみればそれもそのはず。

元々自分で「聞き上手」なんて思ったことは人生で一度もなかったし。

たった1回、先輩に「喋るより聞くほうが得意じゃない？」と言われただけです。

他の誰かから、同じように絶賛してもらえたわけでもない。

つまり、わたしはべつに「話を聞くのが抜群にうまい」わけではなく、言ってしまえば「人の話を聞くのは苦痛じゃない」程度だったわけです。

残念ながら、これが現実。


ただ、今のわたしにはわかります。

この**「苦痛じゃない」という感覚を持てることこそが、実は「強みの種」**なんです。

なぜなら、やっていて苦痛じゃないからこそ、長く続けることができるから。

そうやって続けていくうちに、知識が増えてワザが磨かれ、立派な「強み」に育つことがよくあります。

実際にわたしも、うだうだと悩みながら、最終的には「聞く力」をもっと鍛えよう！と思い至りました。

それまで特訓してもらっていた「喋る練習」は正直すごく苦痛だったけど、それに比べたら、「話を聞く練習」はまだ頑張れそうかも……と思えたから。

今思えば、この「苦痛じゃない」って、本当にすごく貴重なことだったんです。

「強みの種」を育てるためにやったこと

わたしは自分の「聞く力」を伸ばすため、いろんなことをやってみました。

そのすべてを記録する**「聞く力」特訓手帳**を作ったのです。

まず、商談の前には見込み客ごとに「質問リスト」作りを徹底します。

商談が終わったら、1つひとつの質問への反応を忘れないうちに手帳にメモ。

朝起きてから寝る前まで隙あらば手帳を開き、反応が良かった質問はどれか、成約につながった話題はなにか、チェックして復習します。

移動中の電車の中では、スマホで片っ端から誰かのインタビュー記事を読みました。

プロの「聞き手」は一体どんな話の引き出し方をしているんだろう？　と気になったからです。

ここで、いい切り口の質問だ！と思えたものは、これも手帳に書き込みます。

そして休日には本屋さん巡り。

書店で「営業」と名のつく本を探し回り、その中で「話の聞き方」に関する項目があれば、むさぼるように読みました。

気になる本は購入して帰り、もちろんいいフレーズは手帳に書き加えます。

と、誰にでもできることしか思いつかなかったけれど、それでも日々考え、調べ、実践していると、少しずつ「話を聞くコツ」のようなものがわかってきます。

たとえば、

- **まだ話す気になっていない相手には、まず「話すメリットの提示」をする**
- **多くを語らない相手には「抽象的な質問」「具体的な質問」を織り交ぜて聞く**
- **じっくり考えたいタイプの相手には、こちらも焦らず「無言」で待つ**
- **忙しくて長くは話せない相手なら「これだけは！」の最重要質問だけに絞る**
- **一度しか会える機会がない相手なら「質問リスト」を事前に送付しておく**

など、学んだことを片っ端から全部ためして、その結果をまた手帳にメモしてする。

これをひたすらに繰り返しました。

平日も休日も、寝ても覚めても「どうしたら相手の話を引き出せるか」ばかり考えているのは、もちろん楽ではありませんでした。

でも、ふしぎなんですが、すごく楽しかったんですよね。

きっと「自分で自分の強みを育ててる！」的なゲーム感があったんだと思います。

数週間後、ようやく努力が実り始めました。

それまで何度通ってもダメだった方が、少しずつお話ししてくれるようになったんです……！

最初は滞在時間が10分持つか持たないかくらいだったのに、1時間も2時間も話せるようになったことに気づいたときは「わたし、成長した！」と実感できました。

「強みの種」を育てたあとの変化

ちなみに、こうして対話できるようになると、心理的にも大きな変化がありました。

それは、話しているうちに「相手のいいところ」が見えてくるようになり、「尊敬」の感情が湧きやすくなったことです。

とくにわたしの場合は営業相手がお医者さんだったので、

- **「命を繋ぐか失うか」のプレッシャーを長く背負ってきた経験**
- **失ってしまった命に対して抱き続けている後悔の念**
- **自分の娯楽を犠牲にしてでも患者さんのために時間を使う生き方**
- **自分の名前を看板に出して経営する勇気**

など、どの先生にもそれぞれ人生のドラマがあって、そんなお話を聞きながら、いろんな人生や感情を追体験させてもらっているような感覚を覚えました。

こんなお話を聞いてしまったら、もう「尊敬」以外の感情が出てきません。

相手への尊敬が増すと、自然と「この人の役に立ちたい！」と思えるものです。

その1つの手段として**「自分（自社サービス）が力になれないかな？」**と、より真剣に考えるようになりました。

そして、わたしの中で「売りたい」ではなく「役に立ちたい」の気持ちが上回ったとき、偶然にもポンポンと成約が続いたのです。これにはびっくりしました。

ちなみに、「つまり聞く力こそが身につけるべきスキルってこと？」なんて思われるかもしれないのですが、わたしはそうは思いません。

だって社内にはわたしと違うタイプの方のほうが多かったですが、わたしよりも高い成果を出している人はたくさんいたからです。

- **つい誰もが聞き入ってしまうような情熱的なプレゼンができる人**
- **超ロジカルに相手の課題を分析して、納得度の高い解決策を出せる人**
- **「その企画おもしろい！　やろう！」と斬新なアイディアを買われる人**

など、人の数だけいろんな強みがあり、それを活かした攻略法があったんですよね。

ポイントは「自分にこんな特徴があったら」から考えるのではなく、まずはどうしたら「自分の特徴を最大限活かせるのか」から考えることだと思います。

ほとんどの場合、決して「自分にはこの特徴がないからゲームオーバー」なんてことはないんですよね。

強みは「育てるもの」という視点

強みは「自己分析で探すもの」、もしくは「新たに獲得するもの」だと思っている方はかなり多いと思います。

ただ、わたしはそれらに加えて、強みは**「育てるもの」**という視点を持っています。

これはまさしく今回お伝えしたエピソードから学んだこと。

「強みを育てよう」と考えると、「自分」に集中できます。

「自分の強みの種（やっていて苦痛じゃないこと）はこれで、今頑張って育ててるんだ」と思えていたら、花が咲くことを楽しみにして、まずは育てることに集中でき、その間「他人と比べてダメだな」と落ち込む暇がありません。

毎日じっくり自分を観察すると、小さな成長がわかりやすいんですよね。

「昨日よりできてる！」「さっきより良くなった？」なんて、細かい成長にも気づいてあげられるようになるんです。


わたしも転職前まで「自分には強みがないからダメ」と思っていたときは、「現時点で目を見張るような才能」がないことだけで、無駄に落ち込んでいました。

だけど、落ち込む必要なんてまったくなかった。

ダイヤモンドの原石が勝手に光り出すことがないように、本人に「ここを磨こう」という意識がないのに、誰かが一生懸命磨いてくれたり、気づいたら勝手に磨かれている……なんてことはそうありませんよね。

自分で自分を磨いていくから、光るんです。

とくに「自分にはたいした強みがない」という悩みがある人ほど、この視点を身につけておくといいかもしれません。

毎日の仕事の中で**「やっていて苦ではないこと」**はなんですか？
もしかしたらそれは、これから楽しく育てていける、とっておきの「強みの種」なのかもしれません。

第3節

ビリからトップへ、MVPを獲得した強みの活かし方

強みは1つとは限らない!? 無謀な目標への挑戦

〝聞く営業〟スタイルで、どうにか人並みに売れるようになってきたころのこと。

わたしの胸の中に、ある大きな目標が浮かび上がりました。

「一度でいいから営業でＭＶＰを獲ってみたい！」

当時勤めていた会社は、社内表彰が盛んな文化。

3か月ごとの営業成績でＭＶＰが決まり、まとまったインセンティブがもらえます。入社以来、ステージに立って表彰されている先輩たちを見るたびに、「もしいつか自分もあの舞台に立てたら、すごく自信がつくんだろうな」と憧れていました。

もちろん「20代で奨学金完済」という目標もあったので、高額インセンティブが強力な魅力を放っていたのは言うまでもありません。

年間でいちばん大きな金額が動く表彰式が、3か月後に迫ってきました。

幸い、どうにか最低限の売上目標は達成できるようになっていたわたし。

とはいえ、社内にはツワモノだらけ。今のわたしの売上ペースでは、MVP争いにすら食い込めないレベルです。

過去データ的には、普段の1．5倍〜2倍ほどの営業成績を叩き出さなくては……。

こりゃあもう大変な数字です。

わたしのお決まりの営業スタイルは、「聞く力」を活かして見込み客のお悩みを引き出し、自社サービスを使った解決策を提案するというもの。

実はこのやり方、MVPを狙うには大きな欠点が1つありました。

それは、成約までの時間がかかること。

とにかく一人ひとりに時間を割き、じっくり深く話を聞くことで信頼を獲得していたので、短期戦には向かないのです。

まして3か月で売上を2倍にするなど、無理難題。

かといって、また「話す力」の特訓でリベンジするのも、果たして間に合うか……。

でも、どうにかして「時間がかからない成約」を生まなきゃ勝ち筋はゼロ。

どうしたものかと考えていたとき、ふと、机の上の手帳が目に留まりました。

今までに臨んだ商談のメモがぎっしり記録された、「聞く力」特訓手帳です。

なんとなく手に取ってパラパラと眺めていると、感慨深い思いになります。

数は多くないけど、じっくり話せたからこそ、自分を深く信頼してくれるお客様がこんなにできて、本当にありがたいな。

でも、成約済みのお客様にはもう営業できないし……。ん？　待てよ？

ここで妙案を思いつきました。

これまでのお客様から、新たなお客様を紹介していただくのはどうだろう？　と。

というのも、ありがたいことに「じっくり話せたおかげで、深い信頼関係ができたな」と感じるお客様が多かったことが、わたしの唯一の誇りでもありました。

この**「紹介いただける関係性」**が1つの武器になるかもしれない、と思ったのです。

素性の知れない営業マンとして出会うより、「自分が信頼している人から紹介された営業マン」として出会えたら、よりスムーズに信頼関係が作れるはず。

その出会いが「時間がかからない成約」につながれば、きっとMVPに近づける。

そう考えたわたしは、さっそくこれまでのお客様一人ひとりに連絡します。

「もし身近にお困りの方がいたら、ぜひご紹介いただけませんか？」

そう伝えると、なんとたくさんのお客様が快く紹介をしてくれました。

それも「いいサービスだから」とか「信頼できる営業さんだよ」とのお墨付きまで。

予想通り、紹介経由でお会いした方とは、初回から和やかにお話が進みました。

さすがに驚いたのは、まだ5分と話していないのに、「契約する準備はできているので、さっそく御社のサービスについて聞かせてください」と言われたとき。

いつものように「傾聴」なんてする間もなく、すんなりと売れてしまいました。

中には「今はそんなに課題感はないんだけど、○○さんのご紹介ならお付き合いしますよ」と言ってくださった方もいたほどです。

「紹介の威力って、ものすごいんだな……」

そう体感するとともに、大切な人を紹介してくださったこれまでのお客様に対しても、あらためて感謝の思いがあふれてきました。

ビリからトップへ……やっとつかんだMVP

紹介経由の商談をこなしながら、わたしは「社内」への営業にも力を入れました。

というのも、成約すればするほど、契約書や広告出稿まわりの事務作業が膨大に増えることになります。

仮にいつもの2倍の売上を作れたとすれば、さすがにわたし一人の馬力では業務がさばけず、お客様に迷惑をかけてしまうかも……と危機感が募ったのです。

そこで、社内のメンバーにできるだけ気持ち良く仕事を引き受けてもらうために、自分にできることをやることにしました。

たとえばその1つが、**日々たくさんの感謝を伝える**こと。

「○○さんが作ってくださった広告、クライアントがすごく喜んでました！」

「○○さんが書類処理を手伝ってくださったおかげで、いつもより1件多く訪問する時間ができて、会社の売上につながりました！」

感謝の言葉とともに、そんなフィードバックも添えて、社内中のスタッフに毎日声をかけてまわりました。

とくに営業部以外は普段「顧客の声」を聞くことが少ないので、「少しでもモチベーションになってくれたらいいな」という気持ちを込めて。

内勤のみんなに疲れが見える夕方には、一度会社に戻るようにしました。

そして「いつもありがとうございます！」と、みんなの好きなお菓子や飲み物をデスクに差し入れ。

滞在時間わずか5分。喜んでくれた顔を見て、また外回りに戻ります。

ちなみにこの時期は、社内への差し入れに極力お金を使いたかったので、自分の食費はめちゃくちゃケチるようにもなりました。スーパーの100円パンで、どれが一番大きくてお腹を満たせるか勝負の毎日も、それはそれで楽しかった。


結果的に、社内のメンバーもいっそう協力的になってくれたように感じました。

予定がぎゅうぎゅうで出先から戻れず、電話で多少の無理をお願いしたときも「全然いいよ、やっとくね！」と快く引き受けてくれたり。

みんなも忙しい中、めちゃくちゃかっこいい営業資料を作ってもらったり。

どうしてもこだわりたい広告のイメージを細かく伝えるたびに、嫌な顔ひとつせずに何度も作り直しては提案してくれたり。

これまでのお客様にも、社内のみなさんにも、本当にたくさん助けられました。

こうしていろんな力を費やしてガムシャラに走った結果、横ばいだったわたしの営業成績は順調に伸びていきました。


3か月後、わたしはめでたく普段の2倍近くの売上を叩き出し、ついに、ついに念願だったMVPを獲得したのです。


「もうこの会社で頑張るしかない」と覚悟を決めてもがき続けて2年間。

初めて登った表彰台からは、4年前、就活で100社に落ちて未来に絶望していたころにも、営業ビリになって怒鳴られていたころにも、まったく想像していなかった景色が目の前に広がっていました。

たかが社内表彰で大げさだね、と笑われちゃうかもしれません。

でも、ずっと劣等生として「選ばれない人生」を歩んできたと感じていたわたしにとっては、間違いなくこれが人生で初めての晴れ舞台でした。

ようやくたどりついた「強み」の正体

ここにきて、とうとうわたしは、「強み」の正体について結論を出しました。

「強み」とは「自分の目的のために使えるすべての特徴」のことなんだ、と。

以前は、「強み」というと、なんとなく

- **持って生まれた才能**
- **他人より優れているスキル**
- **人から認められる大きな実績**

というように捉えていましたが、これはすごくもったいない捉え方でした。

なぜなら、「これこそが手に入れるべき絶対的な強み」という固定したイメージになってしまっていたからです。

確かに、才能・秀でたスキル・実績などがあれば、役に立つ場面があります。

ときには、それを獲得するために行動するのも必要なのかもしれません。

でも、そういうものだけを「強み」だと捉えていると、それらを手に入れたとき、自分の中で「これが自分の最強の武器！」と思い込んでしまうことになります。

実は、それは意外と危険なこと。

だって「なにが強みになるか」は、状況によって変わりうるからです。

たとえばわたしの場合でも、目的が「初めての成約」や「売上目標の達成」だったときは、「話を聞く力」という特徴が確かに強みとして活きていました。

けれど、目的が「MVPを獲る」に変わった瞬間、どうでしょう？

わたしが必死に磨いてきた「話を聞く力」は、「営業に時間がかかる」という弱みになってしまいました。

つまり、**「目的」が変われば、活きる「特徴」も変わる**ということなのです。

だからまず「目的（理想の未来）」を決め、それに向かうのに使える「特徴」を探すことが、正しい「強み」の見つけ方なのだと確信しました。

「聞く力」だけではMVPを達成できないとわかってから、わたしはそれまでに付き合いがあった大切なお客様、いわば**「人脈」**という特徴を強みに変えました。

目的が変わったことによって、わたしの「強み」も、「聞く力」から**「紹介をくださる人脈」**に変わったのです。

でも、「強み」として活きた特徴はそれだけではありません。

- **「紹介作戦」を思いつくきっかけになった、過去の手帳という「アイテム」**
- **まだ25歳と若かったがゆえのありあまる「体力」**
- **一人暮らし独身ならではの、昼夜問わず仕事に注げる「時間」**
- **食費をケチって確保し、社内営業に投資した「お金」**
- **快く協力してくれた社内のメンバーという「人脈」**

わたしの持つ「スキル」「人脈」「アイテム」「体力」「時間」「お金」というあらゆる特徴を総動員したからこそ、「MVPを獲る」という目的が叶いました。

このように、「目的のために使える特徴すべて」が自分の強みとなって、自分の背中を目的地まで強力に押してくれる味方になります。

そして、「たった1つの強み」ではなく、「たくさんの強み」を使うと、目的地により早くたどり着けることもわかりました。

もしかすると「自分には人脈がない」とか「家庭があるので時間やお金が割けない」と思ってしまうこともあるかもしれません。

でも、考えるべくは「自分にあるもの」をどう集中的に使うか、これだけです。

仮に資格の勉強をするにしても、「（他の人より）時間がない」と考えるのか、「スキマ時間が30分はある」と考えるかで、時間の使い方も、合格の可能性も変わりますから。

あなたなら、今ある自分の特徴を、理想の未来のためにどう使いますか？

第4節

部下を持って気づいた「強み」の見つけ方

弱みに思えた「最年少」を強みに。異例の昇進で誓ったこと

2社目に勤めた広告会社でようやく念願の営業MVPを受賞したあと、わたしは25歳で社内最年少の営業マネージャーになりました。

なんと、早くも自分の部下を持つことになったのです。

社内でも異例のスピード昇進でしたが「まだ未熟でもやる気があれば、若手にどんどんチャンスを与える」という、なんともベンチャー企業らしい文化の賜物でした。

この抜擢自体はうれしかったものの、内心ではかなり不安を感じていました。

まだまだ経験豊富な先輩たちがいる中で、わたしがマネージャーだなんて、部下になる人からすれば相当頼りないんじゃないだろうか……?

不安いっぱいで迎えた異動初日。

部下になったメンバーたちとおそるおそる話してみると、そんな不安が一気に吹き飛ぶくらい、とっても魅力的な面々が集まってくれていました。

- **新卒でまだ知識は足りないけど、バッグンの愛嬌で相手の懐に飛び込める人**
- **淡々とした雰囲気だけど、頭の回転が早くてパッと的確な提案が出せる人**
- **自分で考えるのは苦手だけど、とても素直で教わったことをすぐに実行できる人**
- **時短勤務でどうしても量をこなせないけど、頭を使って効率化を頑張る人**
- **声が小さくて弱々しい印象もあるけど、人にとことん優しく寄り添える人**

中には営業としてすでに成果が出ている人も、まだまだこれからの人もいましたが、いろんなメンバーを観察して思ったのは、「人ってこんなに違うんだ」ということ。

そして、この違いがそれぞれの「強みの種」になるんだろうな、とも。

個性豊かなメンバーたちを見て、わたしは心に強く誓いました。

「今のわたしは経験不足で頼りないかもしれないけど、逆に他のマネージャーより部下のみんなに年齢が近いからこそ、気持ちを理解できるかもしれない。

だったら**誰よりも〝部下の強みを見つけて活かせるマネージャー〟になる！**」

まさにわたし自身も「最年少」という特徴を「経験不足で頼りない」と捉えるのか、それとも「誰よりも親しみやすい」と捉えるのか、どんな特徴も自分次第で「弱み」にも「強み」にも変化させられることをあらためて実感したのです。

こうして、営業部のマネージャーとして、部下を育成する日々が始まりました。

モチベーションが下がるのは「足りないもの」しか見ていないとき

マネージャーとしてのわたしのミッションは、チームの売上目標を達成させること。

でも、自分の中ではひっそりと「一人残らず個人目標を達成させる」という裏ミッションを決めていました。せっかく縁あってわたしのチームに来てくれた部下たちには、全員がしっかりと成果を出して、自信を持ってほしかったから。

最初の3か月で、チーム全員の目標を達成させてみせる。

そのためには、まずみんなが「今持っているもの」をどう活かすか、これが最優先のテーマになりそうでした。なぜなら、全員に今から新しい知識やスキルを身につけさせるのは、どう考えても教えるわたしの時間が足りないと思ったからです。

そこで、メンバーそれぞれのタイプに合わせた作戦を練ることにしました。

- **経験が足りない新卒には、知識よりも熱量を求めているクライアント**
- **時間が足りない時短社員には、より効率的にまわれるエリア**
- **思考タイプで熱量が低く見えがちな子には、事前リサーチや提案資料の作り込みで熱意を見せて信頼を獲得する作戦**

そこで気づいたのは、**部下たちのモチベーションが一気に高まるのは、「持っているもの」を活かしてすぐに小さな成果につなげたときだ、ということ。**

たとえば、知識が足りない新卒に「知識量や提案の質を求めるクライアント」ばかり担当させると、毎日「自分はまだまだ……」と落ち込んで帰ってきます。

そして社内で「自分よりも知識がある人」と比べて、「どうして自分はこんなに覚えが悪いんだろう……」と途方に暮れてしまうんです。

でも、まずは「訪問回数によって熱意を感じてくれる義理人情型のクライアント」を担当させてみることで、仮に経験が足りなくても「よく来てくれたね」「ありがとう」とポジティブな言葉を日々もらえるようになります。

すると、やっぱり本人もうれしくなり、お客様のところへ一生懸命通ってフォローするので、たとえ少額の受注でも、小さな成果が積み上がります。

ときには「お客さんのために、もっと事例を知りたい！」とやる気になって、自発的に勉強し始めることもあります。

マネジメント的にいえば、「足りないもの」に目を向けた指導、たとえば「○○がないから、手に入れよう」というスタイルも大いにあると思います。

これはもちろん建設的な努力で、求める成果によっては必要になるものです。

でも、それは**「すでに手の中にあるものを活用してから」でも遅くない**んだな、とわたしは考えるようになりました。

そして無事に「3か月でチーム全員が達成」という目標をクリア。

「この会社に入って、初めて目標達成できました」と泣いて喜んだ部下の顔も、「仕事が楽しすぎます」と話してくれた部下の顔も、今でも忘れられません。


さらに、チームの雰囲気がとても良くなっていることに気がつきました。

「あなたはこんな特徴があって、こんな戦略でやってるんだ。素敵だね！」

「私は別の特徴があるから、こっちの戦略でいこうと思う。なかなかいいでしょ？」

「○○さんはこの特徴が素敵なんだから、こういう戦略もありじゃない？」


そこに誰の弱みも並べずに、お互いの強みと強みを並べる。

あぁ、これがまさに「他人との正しい比べ方」なんじゃないかな、と思いました。

他人の「強み」を見て落ち込む理由

「他人と比べて落ち込んだことがある」という人、多いんじゃないでしょうか。

学校の成績から始まり、学歴、入った会社の規模や知名度、社内での人望、友達の数、外見や性格、持っている資産など、今はＳＮＳもあるので、自分でも気づかないうちに誰かと自分とを比べてしまいますよね。

そんなとき多くの人は、他人の「強み」を見て、自分の「弱み」と比べています。

フレッシュで行動力のあることが強みの人が「知識豊富なベテラン」を見ては憧れ、「地頭のいい同期」に嫉妬して落ち込んだり。

自己主張せず他人を尊重できる人が「ハキハキと物事を言える人」を見てコンプレックスを抱いたり。

少数の友達を大切にするタイプなのに、「同級生が大人数でわいわい盛り上がっているＳＮＳ投稿」を見て胸がざわついたりします。

でも、それって不公平だな、と思いませんか？

人の「強み」を持ってくるのに、自分のほうは「弱み」を並べて、評価する。
ずっとそうしてたら、自分ばかりが劣っている、気になるに決まってますよね。

憧れや嫉妬を感じる相手は、「自分にないもの」をたまたま持っているだけの存在。でも彼らだって、また別の「自分が持っていないもの」に憧れたりするわけです。

自分にも、他人にも、どんな人にも強みもあれば弱みもあります。

だからこそもし「他人との比較」が必要になったときは、お互いの「強み」を並べることで、無駄に落ち込まなくなります。

自分の強みをきちんと認識した上で、それでも「弱みを克服したい」と思ったら、そのときはすがすがしく思いっきり努力できるはず。

自分と他人の「正しい比べ方」

わたしは、基本的には「自分と他人を比べる必要はない」と考えています。

人生を「自分の理想の未来をめざして楽しむゲーム」だと捉えれば、主人公である自分が前に進むことだけに集中すればいいと思うからです。

が、ときどき「自分と他人を比べたほうがいい場面」というのもやってきます。

1つは**「誰かとの競争に勝ちたい」**と思うとき。

たとえば「定員のある試験に合格する」「ビジネスで選ばれる」「表彰される」などを自分の「理想の未来」に設定したときには、「誰かに勝つこと」が必要です。

そんなときは、他人と自分を比較して、少しでも「自分のほうが有利な特徴」、すなわち「強み」を見つけられたほうが戦いには有利なのは間違いありません。

それから「自分と他人を比べたほうがいい場面」のもう1つは、**「人と協力して目的地をめざしたい」**と決めたときです。

たとえばチームで仕事をしていて「みんなでこの売上をめざそう」というとき、それぞれにいろんな役割が発生します。

商品を企画する人、その商品を実際に作る人、できあがった商品を売ってくる人、契約書を作る人、商品をお客さんに届ける人、代金を請求して管理する人。

みんなの得意分野を持ち寄って力を合わせるためには、他人と自分を比較して「自分の得意分野はなにか」を知るのが効率的です。

このように競争と協力、どちらの場合も他人と比べた「自分」を見つめることになりますが、ここで**「正しい比べ方をすること」**がものすごく大事です。

まず**「自分が持っている強み」**をベースにしながら比べること。

「持っていないもの」に目を向けるのは、その後でも十分だと思っています。

もし間違った比べ方をすると、自己否定につながり、SNSや職場で誰かを見れば見るほど、なぜか心にダメージを負ってしまう現象が起こってしまいます。

あなたは、自分の「弱み」と、誰かの「強み」を比べていませんか？

その習慣を意識的にやめてみるだけで、より前向きな感情になれるかもしれません。

第5節

地獄の部署異動……「強み」が活きない環境の条件

プロジェクトリーダー就任、絶体絶命のピンチ

転職して3年。営業ビリを抜け出したくて生活のすべてを仕事に捧げ、MVP受賞やマネージャー昇進と、少しずつキャリアを積み重ねてきたわたし。

ようやく「仕事って楽しい！」と心の底から思える充実した日々を送っていました。

そんな中、異動の内示が告げられました。

「社運をかけた重要プロジェクトのリーダーに任命する」

億単位の壮大な計画に、気が遠くなりそうなプレッシャーと不安が押し寄せます。

しかも着任直前、新しい上司から「きみの成長のためにあえて厳しめに接するから、

覚悟しておいてね」と言われ、緊張と不安が急加速。

新たな部署では、目の回る忙しさが待っていました。

いわゆるプレイングマネージャーとして、自分の数字を追いかけながらチームの数字を持ち、さらにプロジェクトを推進する、トリプルハードワークが始まったのです。

文字通り「息をつく暇がない」というくらい怒涛《どとう》のスケジュール。

朝から会議・会議・会議。部下の相談に乗れるのは次の会議室へ向かう5分間だけ。会議室の前で出待ちしてくれていた部下の話を歩きながら聞き、時間がないので瞬時に的確なアドバイスや指示を飛ばさなければなりませんでした。

午前の会議を終えてようやくデスクに戻れても、お昼なんて到底食べる時間もなく、立ったままバタバタと準備をして出かけ、詰め込める限りの商談をこなす。

22時ごろ会社に戻って、翌日の会議と商談の準備。そうこうしているうちに終電を逃し、タクシーで帰宅。シャワーだけ浴びたら、またパソコンを開きます。

一晩中うなりながら事業計画を何度も何度も作り直していたら、もう朝方です。

「また今日も3時間しか寝られない……」

力尽きるようにベッドに倒れ込み、目をつぶったと思えば一瞬で迎える朝。鉛のように重い体を無理やり起こして、また電車に飛び乗る。

「あれ、なんかわたし、全然楽しめてない」

異動3か月でそう思い始めた最大の原因は、「強み」が封じられたこと。

以前の部署では、一社一社に時間を割いて「量より質」の営業ができていました。

けれど、異動先では「質より量」の営業方針で、プロジェクトの立ち上げには「まず短期間で大量に受注すること」が求められていたのです。

そのため、商談アポイントをとる専属アシスタントが着任。優秀な彼らのおかげで、わたしが会議で忙殺されている間に商談予定が1か月先までぎっしり。

わたしはもう、ただロボットになってカレンダーに示された場所に向かうのみです。

今までのように一社を丁寧に調べ、何度も訪問してじっくりお話を聞く……なんて到底できず、「初めまして」で強引にガンガン営業しなければいけない状況でした。

こんな毎日では、それまで「強み」として活かせていた「聞く力」も「共感力」も悲しいほどに機能しません。

入社時に戻ったかのように見込み客に冷たくあしらわれる日々が続き、数字が思うように伸びず、どんどん気分が落ち込んでいきました。

- 元来じっくり考えたい性格だけど、プロジェクトリーダーとして素早く決断
- 強く言ったり急かすのは好きじゃないけど、人にガンガン指示出し
- なにから考えればいいかわからないけど、「事業計画」とやらを立案
- 算数でつまずいた頭脳の持ち主だけど、大量のデータをもとに数値分析
- エクセルなんて触ったことないけど、関数をググりまくって分析表作成
- 何度エラーが出てもデータが吹っ飛んでも、毎週の会議までにプレゼン資料化

もはや業務に「苦手なこと」しかない日々に、頭の中はつねにパニック状態でした。

それでも、週に一度の「地獄の日」は容赦なくやってきます。

毎週のプロジェクト会議では、リーダーのわたしから事業計画や進捗について経営陣にプレゼンをしなければなりません。

怒涛の会議と商談の合間に数字と向き合い、ギリギリまで考え、なんとか徹夜で作った資料で必死にプレゼンするも、待っているのはずらりと並んだ経営陣の突き刺さるような厳しい目線とダメ出しの嵐。

「ここの数字、間違ってるよね？」
「そんな弱気な事業計画でゴーサイン出せると思う？」
「なにを考えてこの戦略なのか、まったく見えてこないけど？」

自分がまだまだ足りないことも、成長の機会なんだとも、頭ではわかっていました。
でも、もうその場で泣かないように立っているだけで精一杯。
得意なことを封じられ、苦手なことで塗り固まってしまった今、なにかを楽しめる余裕も、自分を鼓舞するメンタルも、もうどこにもなくなっていました。

心と身体の限界を迎えた朝

ある日、ボロカスにやられた会議を終えデスクに戻ると、部下と鉢合わせ。久しぶりに部下の顔を見られてほっとしたのも束の間、いつも明るいムードメーカーだった彼女の表情があまりにも暗いことに、わたしはすぐに気がつきました。そして声をかけた瞬間、彼女はせきを切ったようにポロポロと泣き出したのです。

「私、愛さんと働くこのチームがすごく好きで、本当に頑張りたいんですけど……、でも、もう限界かもしれません……」

涙と一緒に絞り出されたその言葉を聞いたとき、胸がぎゅっと締め付けられました。

慣れないプロジェクトで頑張っていたチームメンバーに、無茶な目標を押し付けてしまっていたことを、自分でも痛いほどよくわかっていたからです。

きっと彼女だってもっと前からSOSを出したかったはずなのに、上司のわたしはずっとデスクにいないし、話せる時間なんて全然ない。

誰にも相談できない状況で「もっと自立しなきゃ」と思いすぎて、しんどさをどんどん一人で背負い込んでいったのだと思います。


謝る部下の涙に、激しい後悔と猛烈な自己嫌悪がわたしを襲いました。

わたしがもっとフォローしてあげられていたら。わたしにもっと能力があったら。

わたしがもっと強かったら……。なんて今さらこんなこと言っても遅いのに。

せっかくわたしのチームに来てくれた素直で頑張り屋さんの優秀な部下を、こんなにも苦しませてしまっていた。少し前まで「仕事が楽しい」ってキラキラしてたのに。

大切な部下をわたしの力不足のせいで潰してしまった。わたし、本当に最悪だ……。


そのとき確かに、ポキッ、と心が折れる音が聞こえた気がしました。


翌朝、目が覚めて起きあがろうとしても、自分の体がぴくりとも動きません。

まるで自分の体じゃないみたいに、動かし方がわからなくなりました。

なにこれ？　思うように力が入らない。わたし、どうしちゃったの？　でも早く起きて会社に行かないと………。

そう思った瞬間、目にじんわり涙があふれてきました。

「……わたしの体、壊れちゃったのかも」

心のどこかで悟り、布団の中からなんとか枕元の携帯に手を伸ばし、上司に休むことを告げました。

そうしながらも「今日は大事な会議があったのに」「やばい、あの件の進捗止まっちゃう」「ああ、明日出社したらまた詰められるな……」なんて考えてばかりの自分。もはやどうしようもなく、仕事のことばかり考えている自分、仕事に依存している自分がいました。

午後、意を決して心療内科に行くと、医師に告げられたのはメンタル疾患の診断。26歳の秋。診察室でぐちゃぐちゃに泣き崩れながら診断書を受け取り、そのままわたしは休職することになったのです。

「強み」の発動条件を考えよう

今になって振り返ると、「強みを活かせない環境」にいることが、自分が想像するよりずっと苦しかったんだと思います。

売れなかった営業プレイヤー時代に「強みの種」を見つけ、一生懸命「強み」に育てた実体験から「自分の強みを活かして働きたい」という価値観が根づいていたから。

前回のエピソードで、「強み＝目的のために使えるすべての特徴」であり、「目的が変われば使える強みも変わる」とお伝えしました。

これは視点を変えれば、**同じ自分の特徴でも「強みになる環境」と「強みにならない環境」があるということ。**このとき、痛い思いをしてようやく気づいたのです。

たとえばわたしの場合、異動後のプロジェクトのように、

- **1日に何人もの人**（とくに初対面の人）**と会う**

・**相手のことを理解した感覚がないまま、軽々しくなにかを提案する**
・**一人でじっくり思考する時間が確保できない**

同じ営業でもこういった条件がそろうと、自分の「聞く力」や「共感力」という特徴を十分に発揮しきれず、楽しさよりもストレスが勝ってしまうとわかりました。

もし今の環境で「強みを活かせている感覚がなく苦しい」と感じるときには、必ず一度立ち止まって、「強みの発動条件がそろっているか」を考えてみてください。

どうかここまで頑張ってきた自分のことを、責めずにちゃんと見てあげてください。

「自分が輝ける条件」が言語化できれば、必ずまた輝けるようになるから。

もしすぐに思い浮かばない場合は、自分が働いていて「ストレスが少ないとき」と「ストレスが大きいとき」の環境を書き出して比べてみるとわかりやすいです。

あなたの特徴が「強みとして活きる環境」はどんな条件ですか？

第２章

「強み」の見つけ方

のエッセンス

● 強みと弱みは表裏一体であり、コンプレックスの捉え方を変えると「強み」に気づくきっかけになる

● 強みとは「探すもの」「獲得するもの」だけでなく「種から育てるもの」でもある

● 「強み」とは目的のために使う特徴。「理想の未来を実現するために、今ある自分の特徴をどう使うか」を考えよう

● 自分と他人を比べる必要があるときは不公平な比べ方をせず、自分の「強み」にも着目する

● 自分の特徴が「強み」として発揮されやすい条件を言語化しておく

第3章

休職・転職・副業で自分を見つめる

――「自己分析」の習慣化

「自己分析は一度じっくりやればそれでOK」

以前のわたしもそうですが、なぜかこんなイメージってあると思います。

多くの人にとって、人生で初めて自己分析の必要性を感じるのが「就活」。

このときに自己分析を頑張った人も、まあそこそこに切り抜けた人も、いざ働き始めると「後輩」「先輩」「部下」「上司」などの役割を担うことになり、忙しくなっていきます。あるいは、結婚や育児などでライフステージが変われば「夫」「妻」「父」「母」などの役割も増えていきますよね。それぞれの役割を必死に全うしていると、ついつい「自分」をゆっくり見つめることが後回しになってしまいがちです。

「そういえば就活以来、自己分析なんてやってないな……」なんて人も多いんじゃないでしょうか。


でも、ここで少し考えてみてください。

5年前の自分はどんなことに悩んでいましたか？　なににハマっていましたか？

逆に、10年後の自分はどんな暮らしで、どんな悩みを持っていると思いますか？

……いかがでしょうか。

「5年前も、今も、10年後もまったく変わらない」という人はいないはずです。そう。つまり、「わたしたちは日々どんどん変わっていく」ということです。外見も、ライフスタイルも、大切にしたい価値観も、持っている強みも。

だとしたら、「たった一度の（もしくはたった数回の）自己分析」がいかに心許ないものなのか、納得していただけたのではないでしょうか。

自己分析は「人生の節目にやるもの」どころか、「習慣的にずっとやるもの」です。

この章では、わたし自身が「働く中での自分の変化」を感じながら自己分析を繰り返し、休職・転職・副業などに奮闘してきた4つのエピソードをご紹介します。

第1節

まさかの休職……わたしはどうしたかった？

自分からのSOSを無視して働いた結果

平日の昼間、みんなはふつうに働いている時間。

わたしはシーンとした一人暮らしの家にポツンと一人、なにをすることもなくただベッドに横たわり、白い天井ばかり眺めていました。

ふと部屋を見渡せば、そこにあるのは仕事のものばかり。

初めて自分が担当した広告の原稿。初めて広告ページを担当した雑誌。

1日も早く成長したくて買いあさった山積みのビジネス書に、学びを綴った手帳。

いつお客様に呼ばれても家から商談に直行できるように、肌身離さず持っていた社用携帯と、部屋の隅に山のように積み重なった営業パンフレット。

大切なお客様が「いつもありがとう」と買ってきてくださった海外のお土産の品。

自分の誕生日でさえ休日出勤していたわたしを気遣い、サプライズで駆けつけてくれた部下のみんながくれたプレゼント。

営業で表彰されたときの賞状や、表彰式のあとにメンバーみんなで撮った写真。

わたしが暮らしていた1Kの狭い部屋にあるたくさんの思い出に埋もれて、1日中ボロボロと泣き続けました。

当時のわたしは「仕事を頑張る」を通り越して、もはや依存状態。

幼いころからずっと自分に自信がなかったから、とにかく理想の自分になりたくて、拾ってくれた会社の役に立ちたくて、そのためにもっと成長したくて必死でした。

サービス残業も休日出勤も喜んでやったし、お客様に呼ばれれば夜でも休みでも飛んで行ったし、誰かに仕事を頼まれたらどんなにキツキツでも絶対に断らなかった。

べつに元々の性格がストイックなわけでも、意識が高かったわけでもありません。ただ一度手にした「他人からの期待や評価」を失ったら、いつでも簡単に自分の存在価値がなくなっちゃう気がして、ずっと怖かったんです。

だから心や身体のＳＯＳを無視して限界まで働いて、もはや「自分がどうしたいか」なんてわからなくなってしまいました。「期待された自分を演じること」に慣れすぎて、いつの間にか自分の気持ちから目を背けるようになっていたんですね。

人生2回目の自己分析で見えてきたもの

ボロボロの心を救ってくれたのは、通い始めたクリニックでのカウンセリングです。週に一度、カウンセラーさんが一対一で「今どんなことを感じているか」「どんな未来にしていきたいか」など、わたしのまとまらない話を丁寧に聞いてくれました。

それを数週間続けているうちに、まったく見えなくなっていた自分の気持ちが少しずつ見えてくるようになったのです。

すると、この数年で、自分でも気づかない間に「価値観」が変化していました。

思えば、**最後にやった自己分析は3年前。**

理想の未来を「肝っ玉母ちゃん」と決め、初めての転職に踏み切ったときでした。

当時の価値観は「とにかくお金を稼ぎたい」「成長して理想の自分に近づきたい」。

でも働くうちに、その価値観は**「自分にとって苦痛が少ない、得意なことでお金を稼ぎたい」「楽しみながら成長して理想の自分に近づきたい」というものに変わっていました。**

初めて自分の強みを見つけて「仕事が楽しい」と思える経験をして、わたしの価値観も少しずつ変化していたんですね。

それなのに、新たな価値観と実際の働き方との間にズレが生じるようになり、「このまま走っちゃダメ！」と自分の体が悲鳴をあげてくれたのかもしれません。

「ああ、自己分析ってずっと続けていくものなんだ……」と痛感しました。

自己分析って就職や転職みたいな「人生の転機に1回やれば終わり」だと思っていたけど、むしろ逆なんだ。

もっと日常的に、毎日少しずつ変化していく自分をこまめにキャッチしていくことのほうがずっと大事なんだ、と。

むしろ生きている限り、「自己分析の終わり」なんて永遠にやってこないんです。

だって、「自分」って時間とともにずっと変わり続けるから。


それからのわたしは、この休職期間中、まるで朝顔の観察日記でも書くように**「今日の自分」**をよくよく観察するようになりました。

最初はいくら頭の中をノートに書き出そうとしても、なにも思い浮かばなかったり、言葉がうまくまとまらなくて苦戦したけれど、「うまくできなくていい」とハードルを下げてみることに。

たとえば、「日記」ではなく「今の気持ち」だけを1行でも書く。

もしそれもうまく書けないときは「うれしい」「楽しい」「癒される」「驚いている」「悲しい」「悔しい」「情けない」「腹が立つ」などから近しいものを選ぶだけにする。

今日知ったことを1つでも書く。
こんなふうに「自分を毎日観察する習慣」を続けていくと、**やればやるほど「自己分析」がうまくなっていく**感覚がありました。

人生で何度でもやるべき2つの自己分析

今、わたしが考える「自己分析」には大きく分けて2つの種類があります。
それは**「価値観」**の分析と、**「強み」**の分析です。

「価値観」は「理想の未来（めざしたい目的地）」に直結します。
その日どんな人と出会い話したか、日々の出来事に対してどんな感情を抱いたか、などによって「自分にとってこれが幸せ」「自分は人生でこれを大切にしたい」という価値観が生まれます。

一方、**「強み」は「理想の未来へのルート（目的地への行き方）」に直結します。**

今日どんな情報を得て、それは理想の未来をめざすのにどう活かせそうか。ここ数か月で経験したこと、訓練してできるようになったこと、新しく得た人脈やアイテムなどを使って目的地まで加速できないか、など、より「攻略しやすい方法」を見つけるのに役立ちます。

そして重要なので繰り返しますが、価値観も強みも、どちらも驚くほど変化していくものです。

どちらの自己分析も、理想は日常的におこなうこと。もし難しければ、大きな節目でなくとも「3か月に一度」「半年に一度」など、定期的におこなうことが大事です。とくに、新しい人・モノ・考え方との出会いがあった時期には、少なからず影響を受け、自分の価値観や強みが変化しやすいので要チェックです。

それから**「頭で考えていること」と「実際の行動」にズレを感じるときは、明らかに「自己分析」が足りていないサインです。**

たとえば「仕事を頑張りたいと思ってるはずなのに、毎朝憂鬱な気分でいっぱい」

とか「結婚したいと頭では思うのに、人と出会うのが面倒に感じる」とか「休日は自己研鑽をしようと思うけど、ついダラダラ動画を見て1日が終わる」とか。

多くの場合、「実際の行動」がそのときの自分の価値観であり、「頭で思っている価値観」は優先順位が下がっている可能性が高いです。

先ほどの例でいうなら「仕事を頑張りたい」よりも、実は「この職場に行きたくない」という価値観のほうが上回っている状態、という感じ。

ただ、だからといって「自分は本当は仕事を頑張りたくない人間なんだ」とすぐに極端な結論を出すのではなく、あくまで**「今はこう思っている状況だ」と理解しましょう。**

「自分は一生この価値観」と固定されるものではなく、状況によって変化して当たり前ですからね。

その場合、まずはその価値観を認め、「なぜこの職場に行きたくないのか」と向き合ってみることをおすすめします。もし自分の言動にどこかモヤモヤを感じるときには、ぜひ時間を取って自分と向き合ってみてください。

今日のあなたの「大切にしたい価値観」や「強み」はなんですか？

もしパッと思いかばない場合、たとえば「1年前、5年前、10年前の悩み」をなんとなくでもぼんやり思い出してみてください。

「頑張っていること」や「大切にしていること」は変化していませんか？

それは知らぬ間に生まれた「価値観」の変化かもしれません。

「数年前の自分に、今の自分からアドバイスできること」は増えていませんか？

それはまぎれもなく「この数年で増えた強みの種」でしょう。

それに着目し、これから育てるかどうかは、あなた次第です。

第2節

休職明け、26歳で二度目の転職活動……一冊の本との出会い

悩んでばかりの原因は、こんなところにあった

休職中、偶然にも「人生を大きく変える本」との出会いがありました。

初めてメンタルクリニックを受診したとき、診察室で話しながら涙をボロボロ流すわたしをじっと見つめていた先生が、帰り際にこう言ったんです。

「これ、きっと今のあなたを助けてくれる本だと思うから、僕からプレゼント。騙されたと思って、5ページだけでも読んでみて。もしそれでつまらなかったら、それ以上は読まなくてもいいから」

そんな言葉とともにポンと手渡されたのが、『嫌われる勇気（岸見一郎、古賀史健著／ダイヤモンド社）』でした。オーストリアの精神科医アルフレッド・アドラー氏により、すべ

ての人間が幸せに生きるために提唱された「個人心理学」という理論がわかりやすく書かれた本です。

会社に行かなくなり、ぽっかりと時間ができたわたしはふと先生の言葉を思い出し、なにげなくその本を手に取って開いてみることにしました。

すると、なんとも衝撃的な言葉がいくつも飛び込んできたんです。


「世界はシンプル」

「トラウマは存在しない」

「あなたの不幸はあなたが選んだもの」


自分の常識とは正反対のメッセージばかりが突き刺さり、目を疑いました。

当時のわたしは、まさに「生きるってなんて複雑で難しいんだろう」「幼少期からの劣等感さえなければ幸せになれたのに……」「どうして自分ばっかり不幸になるんだろう」とばかり思っていたからです。

続きが気になってページをめくる手が止まらず、最後のページを読み終えたとき、心の中は、今までに感じたことがないほど未来への希望でいっぱいになっていました。

つらい現実を変えるため、「理想の未来」を決め直す

『嫌われる勇気』の中でとくに印象的だったのは、「目的論」という考え方。

簡単に言うと、人はみんな「目的」に向かって生きている、ということです（この本でわたしは、「理想の未来」に向かって生きている、と表現しています）。

意識的・無意識的にかかわらず、ともかく人は「自分にとってメリットがある未来」だと感じるものを、「目的（＝理想の未来）」に設定するのだと。

だから「現実」を見れば「自分が持っている本当の目的」がわかるのだそうです。

当時のわたしの「現実」はどうかといえば……、過労とストレスにより心身ともにボロボロで、休職を余儀なくされて失意のどん底にいる。

え、ってことは、実はこれがわたしの「理想の未来」だったってこと？

いやいや、こんなの理想なわけがない。だって、わたしはずっと職場のみんなに

とって頼りがいのある「肝っ玉母ちゃんみたいな存在」になりたかったんだから。
ここで、わたしはハッとしました。そのとき思ったことは、こんな感じ。

転職当初、たくさん売れる営業マンになることで「奨学金返済分のお金」と「肝っ玉母ちゃん3大スキル」がすべて手に入る！と思い、夢中で頑張った

←

実際に成果を出せば出すほど「今月もチームの数字を頼む！」と上司に頼られ、部下からも「営業を教えてほしいです！」と頼られ、役員に「プロジェクトリーダー、期待してるよ！」と大役を任されるようになった

←

自分が誰かに頼られたり、期待されることがなによりうれしくて、「ずっと期待に応える自分でいよう」と思うようになった（※目的が「肝っ玉母ちゃん」から「周囲の期待に応える人」にすり替わった）

←

いつしか自分の心や身体を犠牲にしてでも「周囲の期待に応える自分」でいること

に執着し始めた

↓

酷使してきた自分の心と身体が悲鳴を上げた

こんなふうに「起こったできごと」「自分の感情」とあわせて「いつ目的がすり替わったのか」などを時系列で言語化してみると、ものすごくしっくりきたんです。

そっか……。わたしはきっと途中から「誰かに求められる自分で生きること」を理想の未来だと錯覚してたんだ。

だからMVPとして周りに認められてないと自信がなかったし、不安を無視してプロジェクトリーダーを引き受けたし、プロジェクトが始まって「これは自分には合わない」「苦しい」と思っても、誰にもSOSを出せなかったのかもしれない。

だって「求められて期待に応えるわたし」じゃなくなったら価値がないし、それが自分の理想の未来だ、と思い込んでいたんだから。

だったら、今このタイミングで「理想の未来」をもう一度決め直す必要がある。

そう思い、あらためて今の自分にとっての「理想」はなにか、考えてみました。
そりゃあ「周囲の期待に応える肝っ玉母ちゃん」は素敵。けれど、もしそれをめざすのに自分の健康を損なうくらいなら、それは優先したい「理想の未来」じゃない。
元気に働けなくなり、会社のみんなに迷惑をかけてしまった今だからこそ、それを痛いほど感じたのです。

「みんなの期待に応える肝っ玉母ちゃん」じゃなくて「心身ともに健康で、人生を楽しめている肝っ玉母ちゃん」になろう。

理想の未来をこう決め直したことで、今後もしまた苦しい状況になったときは「健康でいられるか」「それを楽しめるか」という基準をもって「すぐに誰かに相談する」「思い切ってやめる」など、これまでとは違う選択ができそうな気がしました。

やがて体調が落ち着いてきたころ、社長じきじきにわたしの今後のキャリアについて一対一で話し合う時間を設けてくれました。
3年前、何者でもなかったわたしの可能性を信じて迎え入れてくれた、今でも尊敬している社長です。

社長からは「プロジェクトのリーダーを外れて、ほかの部署へ異動する道」を提示してくれましたが、わたしの胸にはすでにある言葉が浮かんでいました。

「この会社で学びたかったこと、会社のためにやれること、もう全部やりきった」

社長も、会社のみんなも、売ってきたサービスも本当に大好きだったので、「もう一緒に働けなくなる」と思うと、どうしようもない寂しさが襲ってきます。

それでも新たに決めた「理想の未来」を胸に「今後は心身の健康を第一に、楽しみながら成長できる新しい環境で働こう」と、2回目の転職を決意したのでした。

「その現実」を選んでいるメリットはなに？

このエピソードでお伝えしたかったのは、誰しも気づかないうちに**「間違った理想の未来」**や**「自分にとってもう古い理想の未来」**を設定しているかもしれない、ということです。

自分なりに目標を持って頑張っているのになぜか苦しい……と思ったら、一度立ち止まって「理想の未来」を見直してみてもいいかもしれません。

わたし自身も『嫌われる勇気』に出会ったことで、自分が無意識のうちに劣等感を利用していかに「望まない現実」を作っていたか、よく思い知りました。

- **勉強や運動や友達作りができなかったことを先天的な才能や環境のせいにして、自分を変える努力をしなくて済んだ学生時代**
- **憧れの会社を受ける前にあきらめることで、傷つかなくて済んだ就活時代**
- **頑張っていくら成果が出ても「自信のない自分」でい続けることで、もっとストイックに自分を追い込んで「周りからの期待や評価」を獲得できた営業時代**

まさか自分が実はそんな目的のために生きていたなんて、当時は思いもしなかった。

そんな中『嫌われる勇気』を読んで「うまくいかなかった現実は誰でもなく、自分がずっと選んでいた」という事実を突きつけられ、自分のカッコ悪さに泣きたくなって。

というか、実際に本を読みながら恥ずかしいくらいボロボロ泣いてました。

ただ、ひとしきり泣いて落ち込んだあとは、むしろ未来に希望を感じたんです。

だって「うまくいかない現実は自分が選んでる」ってことは「うまくいく未来を選べるように、今から目的を決め直せばいい」ってことだから。

この考え方との出会いは、他人によく思われることを価値としていたわたしの生き方を、何事も自分の意思で決める**「自分軸の生き方」**に変えてくれた大きなきっかけになりました。

あのとき泣きじゃくるわたしに診察室で『嫌われる勇気』を手渡してくれた先生と、この理論や本を世に出してくださったすべての方に本当に感謝しています。

人生うまくいかないな……と悩むとき、もしあなたが無意識にその「現実」を選んでいるのだとしたら、そこにどんなメリットがあるからでしょうか？

もしかしたらそこには、わたしのように「努力しなくて済む」「傷つかなくて済む」「人に嫌われなくて済む」「自分を嫌いにならなくて済む」「生きる希望を失わなくて済む」など、意外なメリットがひっそり隠れているのかもしれません。

その原因に気づくことが、つらい現実を変える大きな一歩になります。

第3節

営業から企画職へ。ジョブチェンジして気づいた本音

26歳、3社目の転職活動の結果

3社目の転職活動の軸は、理想の未来から逆算して大きく3つに絞りました。

まず1つ目の軸は、**残業時間の管理が厳しく福利厚生も手厚い環境。**

誰に強制されたわけでもないのに、自ら心身を壊すまで働いてしまった2社目での経験から「今の自分には、仮に働こうと思っても働きすぎることのない〝仕組み〟が必要なんじゃないか」と思ったからです。

となると、有力な職場の条件は、まずは比較的「労働時間」が徹底される上場企業。

2つ目の軸は、**次も営業職……ではなく、企画職へのキャリアチェンジ。**

というのも、それまでの仕事を振り返ると、自分にとっては、

「人と話す仕事より、頭を使って考える仕事のほうがより負荷が少なく楽しめる」

「毎日外出して外の刺激に触れるより、社内の静かな環境で自分の仕事に集中できるほうが働きやすく、より成果が出せそう」

と思ったからです。

ちなみにこれは、実際に3年以上、さまざまな営業スタイルやマネジメントなどを経験したからこその体感で「これは譲れない！」と強く思えたことでした。

そして3つ目の軸は、**前職同様「肝っ玉母ちゃん3大スキル」が身につきやすい環境かどうか。**

この3つの軸を持って、26歳にして3社目に入るための転職活動を開始。

「転職回数が多い＝また辞めそう」と思われそうな不安を抱えながらの挑戦です。

また、中途採用ともなると「未経験歓迎」な求人自体が少なく、どうしても「即戦力になるか」で見られるので、23歳で転職したときよりもハードルの高さを感じます。

それでも理想の未来のため、あきらめるわけにはいきません。

「営業としてやってきたこと」「マネージャーとしてやってきたこと」などを企画職でどう活かせるのか、落ち着いて具体的に伝えるように工夫しました。

結果、幸運にもＩＴ業界の上場企業にご縁をいただけたのです。


あらためて**「一般的にこれが強みかどうか」よりも、「自分が持っている特徴を、目的に向かってどう使うか」を考えることが大事なんだと実感しました。**

とくに採用面接では、その特徴を使って会社の利益アップにつなげるイメージを面接官に持たせることができれば、「弱み」ではなく「強み」として見てもらいやすくなります。

そのためにも「この求人は具体的にどんな仕事をするのか」、自分の１日の流れをイメージできるくらいに仕事内容の理解をしておくことが大事だな、と思いました。

ベンチャー営業から大手企画へ、働き方のリアルな変化

3社目にして初めての上場企業で、しかも念願の企画職。働き始めてみると、良いことも悪いことも、いろいろなことがわかってきます。

いきなりですが、実際に経験してわかった「転職できて良かったこと」シリーズ。

①なんといっても「仕組み化された労働時間」

残業は基本的になく、定時の18時になるとみんな続々と帰り始めるため「自分だけ帰りづらいなぁ……」という後ろめたさもなく、すんなりと退勤できました。仮に残業しても、さすがの労務管理。21時には社内システムやPCの電源が強制的に落ちてしまうので、これまでのような終電帰りは、やりたくてもできません。

有給や福利厚生も形骸化せず、誰でも気軽に使いやすい環境ができていて、心と身体を健やかに保つ仕組みが完備されていたことが、本当にありがたかったです。

②地味にうれしかった「会社から出ない働き方」

働き始めてから初の内勤になり、雨の日も雪の日も、酷暑の日も寒さに凍える日も、いつでも快適に温度調整された室内で働ける幸せを初めて味わいました……。

外回りの営業時代は、雪道を初心者マークで必死に運転して客先へ向かったり、炎天下の日にお客様を外で何時間も待ち続けたり、台風の日に駅からタクシーが捕まらず暴風雨でびしょびしょに濡れながら商談に向かったり。文字にするとささいなことですが、思えばわたしにとってはこの「不安定な環境」がとってもストレスでした。

「天候や交通情報をつねに気にしなくていい」というのはこんなに楽なのか！と本当に感動してしまいました。

③やっぱり面白かった「企画」の仕事

新しい仕事は、自社のウェブサービスの営業企画。簡単にいうと「営業マンの売上をあの手この手でアップさせる参謀役」のような役割です。

このサービスの営業戦略を考えて起案し、稟議が通った施策を実現するシステムやマニュアルを整え、営業マンたちに施策を実行して数字を上げてもらう……というのがミッションでした。

このための「じっくり考え、アイディアを生み出す時間」がまあ楽しいこと！

入社後すぐにわたしの出したアイディアが採用され、低コストで社内システムの改善ができたときなどは、すごく楽しかった&うれしかったです。

④営業時代より基本給アップ！

未経験職種だし給料は下がるよね……と思いきや、さすが大手&IT業界。実は基本給もアップしました。ってことはボーナスも上がるというわけで。

もちろん残業がないので残業代や、営業時代のようなインセンティブはないけど「快適な室内で残業もせず、業務も楽しんでるのに、こんなにもらっていいの!?」と思ってしまうくらい、わたしには十分な金額がもらえていました。

……と、職場を変えただけで本当にいろんな発見がありました。

確信したのは、自分にとって「刺激が少なく、考えごとに集中できる環境で、頭を働かせて自由に発想すること」が超楽しいこと。さらに、そうやって頑張りすぎずに楽しく働いていても、意外と評価や報酬としても返ってくるのか！と驚いたのです。

環境の変化で見えた「どうしても嫌だったこと」

一方、新天地で働き始めて「どうしても嫌だったこと」もありました。

ずばり！人間関係です。「合わないいな」と思う人と我慢して働くのが、自分にとってこんなにつらいとは……。

わたしが参加したプロジェクトは、主にわたしが所属する営業企画部のほかに、商品企画部（サービスを作って運営する人たち）・営業部（商品を売る人たち）という3つの部署が密にかかわって売上を作っていくものでした。

メールや社内チャットがピコピコ鳴り止まないほど、彼らと頻繁にやりとりし、毎日のように会議で顔を合わせるなど、つねに連携をとって働く必要があったんです。

その中で、営業部のリーダーが、わたしにはとても苦手な存在でした。会議中、自分よりも上席がいないときだけ「ふざけんな」「そんな施策やりたくねえ」「俺は許さん」などの強い言葉を連発し、参加メンバーを威圧したり。他部署の誰かが少しでもミスをすればしつこく詰めて、会議が進まなくなったり。

さらには、みんなでじっくり議論して決まった運用ルールでも、自分の好まないルールは裏でこっそり破って強行突破する様子を目撃したりもしました。

彼の言動に精神的に参っているプロジェクトメンバーも多く「さすがに暴走しすぎでは……？」と思っていたら、わたしが入社してからわずか1年弱の間に3人のメンバーが休職する事態に。

だんだん「嫌だなぁ……」という気持ちが募りますが、それでもせっかくの恵まれた環境です。わたしとしてはいたずらに転職回数を増やすことも避けたいところ。

そこで、どうにか対話を重ねて彼を理解しよう・自分の意見を理解してもらおうとも試みましたが、新入りのわたしの話には聞く耳を持ってもらえず撃沈。

上司に相談してみるも、苦笑いで「彼は古株で上役にも好まれているから、接するのが大変だよね……。僕も注意はしてみるけど、それ以外に自分なりにもプロジェクトが円滑に進むように工夫してみてほしい」となだめられてしまい、すぐに劇的な改善は見込めませんでした。

彼が異動や退職でいなくなるまで待つか、自分の異動願いが通るほど大きな成果を出すまで耐えるか。でも、仮にどちらかで彼との問題が解決したとしても、いつ同じようなタイプの人と一緒になるかわからない。なんだか終わりが見えない悩みです。

しだいにわたしは、「どうしたら会議で彼の機嫌を損ねずに話を聞いてもらえるか」「事前にどのように根回しをすれば彼が暴走しないか」など、彼との人間関係について考える時間が長くなっていきました。

でも、自分の時間やエネルギーにはどうしても限りがある中で、その多くを人間関係の悩みのために使ってしまうと、本来やりたい「利益につながるアイディアを出すこと」「みんなが売りやすい仕組みを整えること」にリソースが使えなくなっていく。

この抜け出せないジレンマが、わたしの心をどんどん曇らせ始めました。

結果として、このときわたしにとって「働く人を自分の意思で選べない」というのはすごく怖いことだな、と感じたことが、のちに起業するという選択につながるのですが……、そのお話はまた次章にしていきますね。

どんな経験も財産に変える「苦い経験」分析

このエピソードからお伝えしたかったのは「実際にやってみるからこそ味わう感情や積み上げられていく知識は、その後の自己分析の大きな材料になる」ということです。

わたし自身もそうですが、誰しも「完璧な自己分析」をしたくなります。

できることなら、一発で・最短で・劇的に・失敗なく・簡単に「自分が幸せになる環境や仕事はなんなのか？」と、どこかに答えを求めたくなるんですよね。

その「たった1つの絶対解」みたいなものを探し始めたとたんに腰が重くなって、

「とりあえずやってみる」という選択がなかなかできない人は、意外に多いんじゃないでしょうか。

でも、今回わたしが「自分の求める理想の職場だ！」と転職した会社であっても、入社後には合う点と合わない点がそれぞれ見えてきたように、「頭で考えているだけではわからないこと」と「実際に経験してみてわかること」は本当にたくさんあります。

だからこそ、**「すべては自己分析の材料にする」**くらいのつもりで、気軽に1つ2つ新しい経験を増やしてみることって大事なんですよね。

一般的には「良かった経験」や「成功体験」が自分の糧になったり、強みを見つける材料になると考えられがちです。

でも、たとえ「失敗経験」や「挫折経験」であっても研究結果として有効なのです。事実、わたしが就活に惨敗したのも、前職で休職をしたことも、今回の転職で大きなストレスを抱えたことも、今となってはすべて「自分の大切な価値観に気がつくために必要な経験だったな」と思います。

・どうしようもなく傷ついた経験
・誰かを傷つけてしまった経験
・向いていないと思った仕事
・どうすればいいかわからずもがいた日々
・手放したあとに「悪くなかった」と気づいた魅力

どれもこれも「やってみたからこそわかった自己分析の結果」です。

なにかを経験して、いろんな感情や思考を巡らせれば巡らせるほど、自分の中に「信頼性のあるデータ」として着実に蓄積されていきます。

「良かった経験」を振り返るのはもちろん、あえて「苦い経験」をときどき思い出すのも、案外無駄にならないものです。


あなたの心に残っている「良かった経験」と「苦い経験」はなんですか？

それらを通じて、どんな価値観が芽生えたり、強まりましたか？

第4節

趣味の節約ブログが副業に!? 思いがけず強みが見つかった話

節約貧乏OL、ブロガーになる

上場企業に転職し、念願だったホワイトな働き方を手に入れたころのお話です。

基本的に毎日18時には仕事が終わるので、気ままな一人暮らしだったわたしは、平日の夜にぽっかりと時間の余裕ができました。

といっても、仕事ばかりでこれといって趣味もなかったわたし。

当時、唯一ハマっていたのが通勤電車の中で「ブログを読むこと」でした。

相変わらず「20代で奨学金完済」が目標だったので、とくに「節約」をテーマにしたブログを読むのが日課。節約上手な主婦の方による「電気代を安くする裏ワザ」や

「ポイントの上手な貯め方」などを読んでは、よくためしてみていました。

自分では思いつかないような節約のアイディアを知ることができて楽しかったり、節約を頑張っている人の日常に共感したり、そのうち好きなブロガーさんの投稿にコメントして、返事がもらえたりするのがうれしくて。

ブロガーさん同士がお互いのブログのコメント欄で交流しているのも楽しそうで、だんだん「わたしもやってみたい……！」と思い始めました。早く家に帰ってもやることないし、どうやらブログって無料でも作れるらしいので、こりゃお金をかけずにおもしろい暇つぶしになるかもな、と。

思い立ったが吉日、とりあえずスマホでぽちぽちとマイブログを開設。

でも、「趣味とか、人に教えられるほどくわしいネタもないし、そもそも文才もないわたしにもなにか書けること、あるのかな……？」といきなり壁にぶちあたりました。

うーん、今くわしいことがないんだったら、わたし自身も読んでて楽しい「節約ネタ」をブログテーマにしちゃえばいいかな？

たとえば「おすすめの節約ブログの紹介」とか、「節約ワザを実践してみた結果いくら浮いた」とか、自分の記録がてら書いていくっていうのは？

うん、それなら気軽に書けそうだし、たとえ仮に一人も読んでくれなかったとしても、あとから自分が読み返せる便利なメモになりそう！

とりあえずテーマが決まったので、わたしの節約ブロガー生活スタートです。

とはいえ、「ゆるく、趣味として楽しむ」がモットーのルーティン。

まず、朝の通勤中に節約ブログやSNSをチェック。いいなと思った節約テクやお得情報などがあれば、スクショして保存しておきます。

会社に着いたら仕事して、お昼休みには持参したお弁当をもぐもぐ食べながら「今日のブログネタはなんにしようかな〜」とネタを考えます。それまではぼーっとスマホをいじるか寝るかだったので、これがなかなか楽しい時間に。

18時に仕事を終え、帰りの電車の中で、今日のブログ記事の下書きを作ります。このときはごくごく簡単な箇条書きレベル。

最寄駅のスーパーに寄って食材を買い、家に着いたら適当な節約メシを作って食べ、お風呂などを済ませたら、ベッドでゴロゴロしながらさっき下書きしたブログ記事を肉付けして、たまにその日の写真などもつけてサクッと投稿。

ざっくりこんな流れで、1〜2日に1回くらい記事を更新していました。

だいたい1か月くらいゆるく続けたころでしょうか。

なんとこんなわたしのブログにも「いいね」やコメントをしてくれる人がポツポツと現れ始めました！　もちろん人気ブロガーさんの何百分の一レベルだけど、なんせただのOLですので、ときどき1件のコメントがつくだけでもう1日ニヤニヤ。

「一人でもわたしの記事を楽しみにしてくれる人がいる！」と思えるだけでうれしくて、日に日にブログへのモチベーションが上がっていくのでした。

趣味のつもりが副業に……ついに奨学金完済！

ひとまず思いついたネタを投稿していく中、思いのほか反響があったのはこちら。

・**今月の家計簿公開**（奨学金完済まで残り〇〇円！のカウントダウン付き）

・**一人暮らし貧乏ＯＬのスーパー購入品と節約ご飯レシピ**（1食300円以下と安くお腹いっぱいになる食材を使った、映えない日々の食事やお弁当の紹介）

・**お金をかけない節約デート**（無料施設や家の中でカップルで楽しめる遊び紹介）

当時、節約テクニックやお得情報を発信してくれているブログはすでにたくさんあったものの、その投稿主は主婦の方が中心でした。

さらに、地方に住んでいる方も多い中、わたしのような「都内近郊で一人暮らしをしているＯＬ」はまだわりと少なかったことで、どうやら近い属性の方が親近感を持って読んでくれていたようです。

さらに20代ＯＬの中でも「奨学金の返済のことを赤裸々に書いている人」や、「デート代までせっせと節約している人」となるとさらに絞られるので、共感や珍しさで目に留めてくれた人がいたのかもしれません。

「どうしたら美容院代、そんなに安くできるんですか⁉」

「日用品を全部ポイントでゲットしてるなんてすごい。教えて欲しいです！」
「1000円でこんなデートできるの楽しそうです、また紹介してください！」

読者の方からいただいたコメントを読むたびに、毎回わたしは驚いていました。だって、わたしがブログに書く何気ない話なんて、どれも難しいことでもなんでもなく「普通にみんな知ってるし、やってることだろうな～」と思っていたからです。

自分にとっては「知っていて当たり前のこと」や「毎日普通にやっていること」が、誰かにとっては「面白い」「もっと知りたい」「教えてほしい」と感じるものだったなんて！

さらに驚いたのは、その節約ブログから、なんと収益まで発生してしまったこと。自分が普段から使っていて、おすすめできると感じた商品やサービス、アプリなどを紹介してみたら、わたしのブログを見て購入してくださる方がいて、そのお礼として企業側から報酬をいただけたのです！

初めて売上画面を見たときは、思わずスマホ片手に小さくガッツポーズ。

当時稼げたのは大きな金額ではなくて、ちょっと美味しいコーヒーが飲めるとか、夕飯に一品増やせるとか、お小遣いの足しになるくらいのお金です。

でも金額うんぬんではなく、会社で働く以外でわたしに直接お金がいただけたことが初めてだったし、それはつまり「誰かの役に立てた」ってことの証です。

そう思えたことが、なによりすごくうれしく感じました。


しかも、わたしはべつにすごいスキルを身につけて時間も割いて副業したり、難しい資格を取って起業した……というわけではありません。


ただ毎日、趣味を楽しむように「いかにお金をかけずに楽しく暮らすか」を考えたり、誰かのブログやSNSから節約術を学び、ゲーム感覚で実践していただけです。

そんな日常をちょこっとシェアしただけで、誰かの役に立てたり、感謝されたり、その対価として報酬をもらえたりするなんてすごい……！　と驚きでした。


そして、念願叶って、ずっと目標にしていた奨学金をついに完済しました！

営業時代に稼いだボーナスやインセンティブ、休職中に親が援助してくれたお金、日々の節約と副業でコツコツ貯めてきたお金をすべてかき集めて、目標だった20代のうちに繰り上げ一括返済を達成したのです。

「奨学金残高：0円」と表示された画面を見たとき、ホッとして脱力しました。

「これでようやく、今と未来の自分のために気兼ねなくお金が使える……！」

奨学金完済についてもさっそくブログで報告すると、いつも以上の反響で、読者のみなさんからの「おめでとう！」コメントの数々。

ブログでお金を稼げたこともももちろんうれしかったけれど、わたしの目標を自分のことのように喜んでくれる人とのつながりができたことも、すごく貴重な財産でした。

「当たり前」こそ「強み」になる

自分の特徴は、自分にとっては「持っていて当たり前」のものだったりします。

性格も、生まれ育った土地の記憶も、経験してきた仕事も、ハマった趣味も。

でもあらゆる自分の特徴は、違う誰かから見たら「面白い」「もっと聞きたい」「勉

強になる」「真似したい」なんて思われたりするんですよね。

実際、わたしの場合は「奨学金持ち」「一人暮らし」「都内近郊に住んでいる」「働きながら楽しく節約生活をしている」などの特徴がちょっとした「強み」として働き、同じような境遇の人にブログを読んでもらえるきっかけになりました。

このように、自分にとっては「持っているのが当たり前の特徴」が強みとなり、誰かの役に立てることや、収入につながることがあるかもしれません。

わたしの周りにも「まさかこんな特徴が自分らしさだったなんて！」と驚いた経験がある方は本当にたくさんいらっしゃいます。

「面倒くさがりで、うまくサボる方法ばかり考えてしまう」というママさんが、家の中で「家事が効率化できる導線」を提案して、家族みんなをご機嫌にしていたり。

「つい人の気持ちを考えてしまう」という性格の方が「秘書」として人を細やかにサポートする仕事で力を発揮していたり。

「小説を読むのが好き」「人を褒めることが苦ではない」というOLさんが「個人の創作作品を読んで感想を伝えること」を副業として始めたり。

どの方も「○○が好き」「つい○○してしまう」「○○ができない」という何気ない特徴を「自分の強みだ！」なんて、当初まったく思っていなかったと言います。

でも、それって、誰かに自分のことを伝えてみなければ、永遠にわからないんです。

誰かに話したり、SNSで発信したことで、その特徴が「収入を得る」「理想の働き方をする」「なりたい自分になる」などの目的を叶える「強み」に変わったのです。

だからこそ、もし自分の頭の中でぐるぐると考えても「なにが自分の強みになるのか」がわからないときには、ぜひ「自分の外に出してみること」をおすすめします。

家族に「自分はこれが好きなんだ」と伝えるもよし、職場の人や友人などに「これをやりたいと思ってるんだよね」と伝えるもよし。

SNSやブログなどで、自分の話を外に発信してみるのもすごくいいと思います。言葉にすることで、誰かと自分の違いを見つけられるかもしれない。そして、広い世界のどこかに自分の「特徴」を喜んでくれる人がいるかもしれない。

あなたが「つい当たり前にやってしまうこと」はなんですか？

第3章

「自己分析」の習慣化

のエッセンス

- 自己分析は「人生の節目にやるもの」ではなく「習慣的にずっとやるもの」
- 自己分析には「価値観」と「強み」の2種類があり、いずれも日々変化するので日常的に自己分析するとよい
- 現実が苦しいときは「誤った理想の未来」を無意識に設定しているサイン。その現実を選んでいる理由を自己分析してみよう
- 「成功体験」だけでなく「失敗体験」も貴重なデータ。今後に活かせるヒントを得るチャンス
- 自分にとっての「当たり前」も、他人に発信すると強みになることがある

第4章

起業して手に入れた自分らしい働き方
――「自分に合った仕事」の作り方

「本当はこうなりたい！」という理想の未来が少しずつ描けてきた。
今持っている自分の特徴が「強み」として活きる可能性も見えてきた。
だけど、そこから「具体的にどんな仕事をすれば、自分の強みを活かしながら理想の未来にたどりつけるんだろう？」と悩む人は多いと思います。

いわば、「現在地」と「理想の未来」のピースがそろったけれど、それらをつなぐ「実現手段」という最後のピースがまだ見えていない状態です。

わたしが考える、この悩みを抜け出す鍵は３つ。

1. 自分の中に「実現手段」の選択肢を増やすこと
2. 自分の気持ちに沿った「実現シミュレーション」をしてみること
3. 自分の「強み」を誰かに届けること

たとえば、もし「億単位のお金を稼いで海沿いに別荘を建てる！」という理想の未来を描いたとしても、「目標金額を稼ぐ手段」を知らなければ叶えられません。

仮に「起業する」という選択肢が浮かんだとしても「自分にできるかな」「失敗したら稼ぐどころかお金を失うかも」と不安が大きい状態では、実行に移せないでしょう。

そこをなんとか起業に踏み切ったとしても、実際に誰かにお金を払ってもらうことができなければ、目標金額を稼ぐことは不可能です。

でも逆に言えば「実現手段」を知り、実行できるよう「シミュレーション」をして、自分の「強み」を周囲に知ってもらって仕事にすることができれば目標クリアです。

「この道を進んでいけば、必ず理想の未来にたどりつける」

そうやってわくわくしながら働ける仕事があると、人生は驚くほど楽しいものです。

最終章となるこの章では、キャリアに迷ってきたわたしが実際に「自分に合った働き方」を手に入れるまでにやったことを、3つのエピソードでご紹介します。

第1節

自分に合った働き方のための「起業」という選択肢

理想の未来への「意外なルート」が見つかった

平日の昼は会社で企画の仕事。夜や休日には副業で節約ブログを書く。

そんな二足のわらじ生活を続ける中で、しだいに「後者のほうが自分にはより合ってるのかもな」と感じるようになりました。

その理由は**「人間関係」**と**「働き方」**にあります。


最初に思ったのはやっぱり「人間関係」。

前章でも触れましたが、当時のわたしは転職先の人間関係に悩んでいました。

同じプロジェクトに割り当てられている以上、どうしても苦手な人とも、毎日関わっていかなければいけない。そのことで、本来の企画業務よりも「苦手なあの人の対応をどうするか」に自分の心や時間が割かれることにモヤモヤを感じていました。

一方、副業のほうでは、人間関係のストレスはほとんどありません。

自分の裁量100%で始めた以上「関わる人を選ぶ権利」も自分にあるからです。

たとえば、ブログに読者がつき始めると、企業から「うちの商品をブログで紹介してくれませんか?」と依頼されることがたびたびありました。

新しくオープンしたカフェや居酒屋の感想を書いて報酬をもらえたり、企業が販売中の化粧品・ドライヤー・洋服などを無料でもらう代わりにブログで感想を書いたり、と内容はさまざま。

企業の担当者さんとやりとりする中で、ときにはモヤっとすることもあります。

「こちらの要望は一切無視で、ちょっと失礼な感じがするな……」

「細かく書いて欲しい感想を指定してくるけど、これって本当に読者さんにおすすめできる商品なのかな……?」

そんなときには「断る権利」が１００％自分にあるのが、とても気が楽でした。

会社での人間関係は、自分の一存だけで変えることができず悩んでいたからこそ、「関わる人を自分で選ぶことができる」という働き方は魅力的でした。


そして「働き方」も大きく違いました。

副業では、働く時間帯・長さ・休み・場所・格好、すべてが自分で決められたからです。


当時は毎日、始業時刻の9時にあわせて都心のオフィスへ出社していました。

しがない奨学金持ちＯＬゆえ、会社から自宅までは電車で30分ほど離れた距離。

息が苦しいほど激混みの電車に乗り込み、どうにか吊り革をつかんで倒れないように立ち、会社に着くころにはもはやフラフラになる。もちろん帰り道も満員電車です。

結局、往復で考えると毎日1時間ぎゅうぎゅう詰めの刑。週に5時間、月にすれば20時間もぎゅうぎゅう詰めの電車で過ごしていました。

出社時間を早めるにも、早起きが昔から大の苦手だったわたしは毎朝アラーム地獄。スヌーズを20回くらい鳴らしながら「眠い……起きたくない……」と無理やり目を覚ます日々。

一方、そんなわたしにとって副業での働き方は天国でした。

目がさえる夜中に作業しても、昼間パジャマでゴロゴロしながら作業してもいい。ブログを早く書けるように自分で工夫すれば、作業時間もどんどん短縮できるから その日の気分や体調で、「今日はもう作業したくないなぁ」と思えば「午後は休みにしよう」と自分で決められる。

逆に、気分が乗ったときには好きなだけ仕事しまくりたい。そんなとき、誰にも「残業禁止！」と言われることなく、朝から深夜まで気が済むまでずっと没頭していられることもうれしかったです。

こんなふうに**「働く時間」や「働く場所」を自分で選べることが、ずっと無理して会社の決まりに合わせていたわたしにとってたまらなく心地良かった**のです。

時給で働く「アルバイト」や「会社員」の働き方しか知らなかったころには想像もつかなかった「すべて自分で決める働き方」を初めて経験し、わたしは大興奮でした。

「あ、これがいわゆる〝起業〟ってやつをしたときに選べる働き方なのか！」

「雇われる」以外の働き方を実際に体感したことで、「理想の未来」への道のりとして、それまで自分には絶対に無縁だと思っていた「起業」という選択肢が入りました。

自分にとって余計な負荷が少なく、楽しく働き続けられそうな働き方をする

←

ゆとりがあるし、仕事が楽しいから「もっと頑張ろう」と努力できる

←

スキルアップして収入が増え、稼いだお金で自分磨きもできる

←

仕事や貯金などの目標を達成でき、そんな自分に自信もつく

←

「目標の３大スキル：人間理解力・解釈力・思考力」も身につき、ずっとめざしてき

た「肝っ玉母ちゃん」に！（レベルアップした自分で素敵なパートナーとも結婚！）

……と、頭の中で「今よりも楽しみながら、理想の未来までつながるルート」がイメージできたのです。あとはそれを正解にできれば最高です。

不安を活かした「ネガティブ・シミュレーション」

とはいえ、もちろんこの時点では「起業して絶対にうまくいく」という自信も保証もまったくありません。

むしろ、もともと石橋を叩きすぎて壊すような心配性タイプ。

「もし会社を辞めちゃってうまくいかなかったら……」という不安から、なかなか勇気が出せませんでした。

それでもあきらめきれなかったわたしは、自分の中の「不安」や「恐怖」と向き合い、いっそ「うまくいかなかったとき」のシミュレーションを書き出してみることにしました。

Q：会社員を辞めるのにいちばん怖いのは？

……やっぱり、生活ができなくなること。安定した収入ではなくなるから。

↓1年は収入ゼロでも暮らせるお金は貯めとこう（節約は慣れっこで良かった）！

Q：もし1年貯金を食いつぶしながら起業して稼げなかったら？

……とりあえず生活費分だけでもバイトするか、また会社員に戻るか。

Q：「やっぱり会社員に戻ろう」と思ったときに戻れるのかな？

……これはどうなんだろう。20代で3社転々としてるし、1回「会社員」のレールから外れたら、今後「どうやっても入れない会社」が増えちゃうだろうし……。

↓うーん、わからなくて不安なら、具体的に調べてみよう！

・転職サイトで「未経験可」「ブランクあり可」の求人情報を大量に見る

・「契約社員」「パート・バイト」「派遣社員」など、さまざまな雇用形態を知る
・非正規の雇用形態から正社員登用された事例もあると知り、経験談を読む

などなど、いろいろと調べていくうちに「自分がよく知らなかっただけで、世の中には意外と働く手段がたくさんあるんだな」とわかりました。

そもそもすっかり忘れていましたが、わたしの働いていた会社の中にも「1回会社辞めて起業したけど、また会社員に戻ってきました！」という人、いたんですよね。

たった一度「会社」という箱から飛び出すことで、仮に「入れない会社」が増えたとしても、「入れる会社」がゼロになるわけじゃない。

だったら、また頑張って何社も受けて、自分のことを丁寧に伝え続けて、いつかご縁をいただけた会社で必死に働いたらいい。そうして信頼を積み上げていけば、職場によっては「正社員」に戻るチャンスだってあるんだし。

べつにわたしが「正社員」や「大企業」にこだわりすぎなければ、「会社で働くカード」は人生から消えるわけじゃないんだ、と思えたら安心感がグッと増えました。

なにより、不安がるわたしの背中を押してくれたのは、会社の看板なしで自分にお金を払ってもらえた副業での小さな成功経験。

そして「理想の未来につながるこの道を進んでみたい」という素直な気持ちでした。

こうしてわたしは、1年分の生活費を貯めつつ、ちょうど会社で任されていた大きな仕事が一段落する絶好のタイミングで退職届を出したのでした。

「働き方の選択肢」の増やし方

このエピソードからの1つの学びは、**自分の中に1つでも「新しい経験」を増やしてみると「新しい選択肢」が自分の中に増える**ということ。

わたしの場合、「小さな副業の経験」によって「起業」という選択肢が増えました。

それまでは「会社員」という働き方しか考えたこともなかった人生です。

「やったことがない」は、知らず知らず選択肢を狭めるんだな、と学びました。

メディアで頭の切れる社長たちを見て「起業=頭のいい人がするもの」と思い込ん

でいたのもあります。もし過去の自分に出会ったら「学校の勉強もロクにできなかった自分が起業!?」とひっくりかえるくらい、自分には無縁な話だと思っていました。そんな思考のブロックも、実際に違う働き方を経験してみたからこそ外れたのです。

もちろん「やる」以外にも「調べる・見る・聞く」なども選択肢を増やす経験です。

- 在宅で働きたいなら「自宅で稼いでいる人」のブログを探して読んでみる
- 収入もやりがいも追求したいなら、憧れの上司をランチに誘って話を聞いたり、キャリア相談サービスを受けてみる
- 子育てと仕事の両立が理想なら「子持ちの女性が活躍している会社」がないか転職サイトで情報を見てみる
- 自分の可能性を広げたいなら、世の中の会社情報を集めた本や異業種の人が書いた本を読み、「こんな会社や仕事があるんだ」と新しい世界を覗いてみる

案外、自分が「そんな働き方は無理」と思い込んでいるだけで、本気で探せば、自

分があきらめていた「理想の働き方」を実現している人はたくさんいたりします。

ちなみにもし会社員以外の働き方に興味がある人は、１日だけ有給を取って、平日の昼間にカフェやコワーキングスペース、高級ホテルのラウンジなどに実際に出かけてみるのも個人的にすごくいいと思います。

実際、わたしは起業してから、

「平日の昼間の街にも、スーツを着てない社会人って意外といるんだ！」

「カフェでパソコンを開いて仕事している人ってこんなにいるんだ……」

「リゾートホテルで海を見ながら仕事してる人もいるんだ……！」

など、これまで会社の中にいて見ることがなかった世界を目の当たりにして、「世の中、自由に働いてる人って意外と多いんだな」と心底驚いたものです。

いかに自分が「週５日オフィスに出勤して、朝から晩まで働くのが普通！」と思い込んでいただけだったのかを知りました。

こんなふうに、ちょっとした「やってみた」「聞いてみた」「調べてみた」経験が、きっとあなたの背中を強力に後押ししてくれるはずです。

「行動力」を上げるシミュレーションのコツ

そして今回のエピソードからもう1つ学んだことは、自分の気持ちに沿った「実現シミュレーション」によって「行動できない自分」から抜け出せるということです。

この「気持ちに沿う」というのが、とっても大事。

たとえばわたしの場合、起業する選択肢が頭の中に増えても、心の中には「不安」や「恐怖」があり、実際に行動する勇気がなかなか出せませんでした。

そこで、その不安を逆手にとって**「不安な理由」を見える化し**てみたのです。

モヤモヤをいったん自分の外に出すことで、頭の中だけでぐるぐる考え込んでいたときより、ちょっとだけ冷静になれる。

そのタイミングで、「もし起業してこの不安が現実化したら、自分はどうする？」と先回りして想像しておくんです。

名付けて**「ネガティブ・シミュレーション」**。

それによって「意外と大丈夫かも」とか「不安を回避するために手を打とう」と、前向きな解決策が生まれやすくなり、自然と行動できるようになるわけです。

もちろん、初めてのこと・慣れないことに「不安」はつきもの。だからこそ世の中には「不安を無視して行動するべし！」といったアドバイスもありますが、わたしはむしろ「不安」を無視せず、気が済むまで向き合って良かったなと思っています。

また、そのあとは逆に**「ポジティブ・シミュレーション」**もいいかもしれませんね。

「もしうまくいっちゃったら最高だな」「こんな最高な状況になったら楽しそう！」と、ポジティブな可能性にも目を向けておくことで、前に進む原動力になりえるから。

「理想の未来」があるのに行動せずあきらめてしまうのは、本当にもったいないことです。

「収入もやりがいも両方あきらめたくない」と思っているのに「どっちかあるだけでも恵まれてるのに、欲張りだよね」と、どちらかしか選ばなかったり。

「子どもが生まれても、仕事で責任あるポストに就きたい」と思っているのに、「社内でそんな前例はないから難しいか」と、その気持ちにフタをしたり。

わたし自身も、当たり前のようにあきらめていたことがたくさんあります。

「会社に行かずに家で働きたいけど、どこの会社もフルリモートなんて難しい」

「当日の気分次第で昼は寝て、気分が乗ったら深夜も働きたい、なんて許されない」

「もし素敵な家に住めるくらい稼げたら最高だけど、凡人のわたしじゃきっと無理」

こんなふうに「こんな理想は決して現実にはならない」と思い込んでいたんです。


だけど今思えば、それは自分の思い込みをくつがえすだけの「経験」と「不安を解消するシミュレーション」が足りていなかったから。ただそれだけのことでした。

今では、一度でも「心からめざしたい理想の未来」が描けたのなら、きっとその未来は実現できると思っています。


今、あなたの中に「やってみたい」と思えることはありますか？

その気持ちにフタをして、後回しにしたり、あきらめてしまっていませんか？

そのフタを外すために、今日なにができますか？

第2節

初売上は3万円、「売れる強み」の見つけ方

3か月収益0円……「売れる強み」を見つける自己分析

会社を辞め、意気揚々と起業の道に足を踏み出したものの、やっぱりそう簡単にうまくはいきません。

とりあえず副業でやっていた「節約ブログ」の収益は雀の涙。

そこで、「ほかに収益の柱を作ろう！」と、なけなしのお金で本格的なブログセミナーを受け、学ぶことにしました。しかし、習ったことを実践しようと新しいコンセプトでいくつかブログを開設するも、ことごとく収益化できず空振り。

ただ、原因は自分でもわかっていました。

早く稼ぎたい焦りから「世間の関心が高く、アクセスが稼げそうだから」という理由だけで、興味がない「トレンドネタ」を発信テーマに選んでしまっていたのです。テレビゲームをほとんどやったこともないのになぜか「最新ゲーム攻略法」とか、そのブログさえままならないのに「初心者からの起業実践記」とか（本当になぜ？）。「自分が楽しんで長く発信し続けられるか」を無視していたので早々にネタ切れし、無理やりにでも更新する気持ちがどうしても湧かず、挫折してしまいました。

発信を始めてから3か月、未だに収益は0円。
それどころか、学ぶための出費ばかりで大赤字の大ピンチです。

でも、同じような空振りを繰り返してはジリ貧なだけ。自分にとって「収益化するまで長く発信を続けられるテーマ」をしっかり考える必要があるな……。
というわけで、**わたしはここで、人生で三度目の自己分析をすることにしました。**

「わたしの〝売れる強み〟ってなんだろう？」

第2章でも触れましたが、「強み」とは「自分の目的のために使えるすべての特徴」のこと。自分にとっては「ただの特徴」が、届ける相手によっては「強み」になるかもしれない……ということは、会社員時代に嫌というほど学びました。

そこでとりあえず「もう書き切った！　と思えるまで〝今の自分の特徴〟をあらためて書き出してみよう」と思い、さっそくノートを開きました。

- 過去に悩んでいたこと
- 悩みから抜け出すためにやったこと
- やって失敗だったこと
- やって成功だったこと
- 努力しても抜け出せなかった悩み
- ちょっとでも抜け出せた悩み
- やっていて楽しいと思えたこと
- やっていて苦しかったこと

・大変だったけど「やって良かった」と思うこと
・良くも悪くも「自分のここ、人とちょっと違うかも」と思うこと
・誰かを手伝ってあげたこと
・誰かに一度でも感謝されたり、褒められたこと

とにかく思いつくがままに過去の記憶を引っ張り出しては書き殴っていきました。

中には「これ書いたけど、起業に関係あるのかな？」と思う瞬間もありましたが、とにかくここでは深く考えすぎず「自分の特徴を書き出しまくること」が目的。

気づけば窓の外が暗くなるまで、何ページにも渡ってノートが真っ黒になるくらい、「自分のこれまで」をひたすらに書き続けていました。

結果、大量に書いたことで、自分の特徴の「偏り」が見えてきたんです。

1．学生時代「自分は人より劣っている」「自分はなんの強みもない」と悩んだこと
2．そう思ったままの就活で100社に落ちて絶望したこと
3．こんな自分を変えたくて営業の仕事に食らいついたけど、売上ビリだったこと

4. 自分はどうしたいのか自己分析して、一度目の転職にチャレンジしたこと
5. 自分は「話し下手」でも「聞くのは苦じゃない」と知り、成果が出始めたこと
6. 「自分にも強みができるのかもしれない」と思うとうれしくて頑張れたこと
7. 少しずつ努力が実り始めて、営業として売れるようになったこと
8. 部下ができたとき、「この子たちの強みをわたしが見つけるぞ」と燃えたこと
9. でもうまくいったらまた自己分析をサボって、結局体調を崩して休職したこと
10. 休職中もう一度自己分析し、二度目の転職でキャリアチェンジに成功したこと

こうして自分の人生を「線」で振り返ると、まるで映画を見ている感覚になります。

ノートを見ながらうっすら感じたのは、わたしの人生がうまくいかなくなるときは決まって「自分がどうしたいかわからない」「強みがわからず自信が持てない」とき。

そこから人生が好転する転機にはだいたい「自己分析」してる……。

ここでふとひらめきました。

自分が今までにどんな悩みを「自己分析」で解決してきたか発信してみたいな、と。

そこで、ためしにブログやSNS、配信していたメルマガの内容をがらりと変え、これまでに自分がやってきた「自己分析」のあれこれを書いてみることに。

興味のないネタを無理に発信していたころと比べ、今度は純粋に楽しかった。するとと書き始めてすぐに、ブログに初めて長文の感想が届いたんです！そこからポツポツと「この記事おもしろかったです」とコメントがついたり「仕事で悩んでいたので、参考になりました」と、メルマガに返信が届くようになりました。

「なにこれ……楽しい。うれしい！もっと書きたい」

起業してから数か月、ようやく初めての手応えを感じた瞬間です。

自分の実体験を書いているだけなので、違和感も苦痛もない。これなら仮に収益発生まで時間がかかるとしても、楽しく続けられそうだ、と思いました。

ふしぎと「早く売らなければ」という焦りはいつの間にか消えていたんです。

勢いで販売したオリジナルサービス。結果は？

こんなわたしの発信を楽しみに読んでくれる読者さんが何人かできた。この人たちのために、もっと役に立てることってないのかな？

そんなことを考えていたある日、さらに1つのアイディアが降ってきました。

「読者さんに直接お話を聞いて、自己分析のお手伝いができたらいいな」

そうひらめいたのは、ノートに今までの仕事を振り返って書き出したからです。

部下の強みを考えたり、広告の仕事でお客さんの会社や商品の強みを一生懸命引き出したとき、とくに楽しかったことを思い出したんですよね。

脳裏には、これまで一緒に仕事して喜んでくれた人たちの忘れられない笑顔。

わたしは、勢いで自分のサービスを作ってみることにしました。

名付けて**「強み発掘コーチング」**。

その名の通り、通話や対面でじっくりお話を聞き、相手の強みを見つけてフィードバックするサービスです。

聞いたことのないようなサービス。売れるかどうか正直まったくわかりません。

でもこれなら「話を聞くのが苦ではない」「人の強みを見つけるのに興味がある」っていうわたしの特徴も活かせそうだし……楽しそうだし……と、もごもごしながら「えーい、とりあえず販売まではやってみよう！」と自分を奮い立たせます。

バタバタと準備を進め、やっと迎えた発売日。19時に販売開始の告知をしてから「うわー出しちゃった！」と、落ち着きなくそわそわと部屋中を歩き回りました。

ところが、何度更新ボタンを押して確認しても申し込みはなく、時計は深夜2時。

「もう寝るか……」と布団に潜り込むもいっこうに眠れず、またスマホを開きました。

すると、深夜2時13分、メールボックスに届いた1件のメール。


「決済完了のお知らせ」

見慣れない件名に、わたしは目を疑いました。

すぐに画面に飛びつき、メールを開いて、隅々まで何度も何度も確認します。


「え？　これ……売れた？　売れたってことだよね？」

苦節4か月目にして、とうとう初の売上です。金額は3万円。


申し込みをしてくれたのは、ブログの方向性を「自己分析」に変えて書いた1記事目に、長文でブログの感想をくださっていた読者さんでした。

うれしくて、うれしくて、布団の中でスマホを握りしめて号泣してしまいました。

数日後、サービスを購入してくださったお客様と、初めての通話。その方は地方に住んでいて、同じくらいの歳の働く女性でした。

「愛さんのブログを読んですごく共感して、本当に伝えたいって気持ちが伝わってきて感動したんです。ご案内が届いたとき、絶対話したい！ってすぐ思いました」

温かい言葉に涙が出るほどうれしくて「わたしの自信の有無なんか関係ない。この方のためにできること、全力でやろう！」と身が引き締まる思いでした。

こうして、なにをやってもダメだった暗黒期からようやく抜け出し、少しずつ事業が軌道に乗っていくことになりました。

「売れる強み」の見つけ方

この忘れられない初売上エピソードから学んだのは、これまでの自分の「特徴」を線でつなげて1つのストーリーを作る「『売れる強み』の見つけ方」です。


よく「強み」を見つけるというと、それこそ「過去の成果や実績」ばかり書き出そうとしてしまいますが、それがポンポンと見つかる人ばかりではありません。

また、仮に持っていたとしても、それだけが「強み」になるわけでもありません。

わたし自身も「お金を払ってもらえるスキル」や「信頼される実績」を最初から探そうとせず、とりあえず自分の過去を適当に書きまくってみたことで「自己分析」というキーワードが浮かび上がりました。この時点ではあくまで仮のキーワード。

ためしに「自己分析」軸でもう一度自分の人生を眺めてみると「平凡な会社員をしてきた人生」と思っていたものが**「自己分析をきっかけに、少しずつ自分らしく生きられるようになった物語」**にも見えてきたんです。


仮に「いろんなことをしてきたから○○だけで変わったわけじゃない」と感じるなら、そのときは**また別のキーワード軸で「物語」を作ってみてもいいわけです。**

たとえば、

「学生時代の病気をきっかけに、後悔しない人生を送ろうともがいた物語」

「奨学金返済のために、必死にお金を稼いで自信を得た物語」

「営業で人の話を聞くスキルを磨き、仕事が楽しくなった物語」

なども、視点を変えて、わたしの人生を表現した物語です。


このように一本軸で自分を語れるようになったら「売れる強み」につながります。

「自分の特徴」を見つけ、それを相手にとってわかりやすく、安心できる「物語」に変えていくことで、それが信頼になり、お金が生まれるんです。

なにも自分でビジネスを始めるときだけじゃありません。

「この人はこんな特徴があるんだ」と社内で適所にアサインされやすくなったり。

「こんな思いがある人なら、うちの会社でもうまくやっていけそうだから、この人に仕事を任せてみようか」と採用や請負いのお仕事につながったり。

「こんな葛藤を乗り越えてきた人なら、自分の悩みをわかってくれそうだから、サービスを受けてみたい」と、お客様からの売上につながるようにもなるでしょう。


とはいえ、わたしたちは脚本家じゃないんですから、もし最初から物語がうまく組み立てられなくても大丈夫。

そんなときは**ぜひ、「過去に喜んでくれた人」の存在を思い出してみましょう。**

たとえば、

- **社内資料を見やすく整えたら「使いやすいよ」と上司に喜ばれた**
- **お客様からの連絡を最優先に返していたら、「いつも対応が早いね」と驚かれた**
- **必要な書類をちょっと先回りして処理しておいたら、忙しい同僚に感謝された**
- **後輩に議事録を効率的に取るツールを教えたら、手間が減ったと感動してくれた**

・職場への差し入れとともに手紙を書いたら、「字がきれいですね」と褒められた
・飲み会で素敵なお店を調べて予約したら、「ここ良い店だね」と盛り上がった
・休日にＢＢＱを企画したら、友人が楽しんでくれた
・失恋した友人の話をひたすら聞いていたら、「本当にありがとう」と言われた
・母にプレゼントを贈ったら、「センスがいいわ」と気に入って使ってくれた
・デートで相手好みな服装をして行ったら、「かわいいね」と言ってくれた

など、どんなにささいなことでも、仕事やプライベートでも、なんでもいいです。

小さくても「誰かに喜ばれた瞬間」をかき集めると「自分が大切にしてきたこと」や「自分が苦もなくやっていること」など、「自分の特徴」がぼんやり見えてきます。

ぼんやりでいいの？　って思うかもしれませんが、「売れる強み」なんて、自己分析時点でわからないのがむしろ当たり前です。


わたしだって最初から「このサービスなら売れる！」なんて確信は皆無でした。むしろ「こんなサービス聞いたことない……需要ないのかも」と不安に思ったほどです。

これは、第3章で節約ブログを収益化できたときも同じ。

「わたしの節約方法なんて普通だし、とくに知りたい人もいないだろう」と思っていたけど、日記のように発信してみたら、意外な反応がもらえたんです。

「自分が当たり前に持っている特徴」は、外に出してみて初めて客観的な価値や需要がわかるものなのだと、あらためて学びました。

「自己分析してみたけど完璧な物語にならない」と思っても、それは当然です。

だったら、まずは身近な人に話してみる。SNSでつぶやいてみる。プロに話してみる。面接官に伝えてみる。

そして、勇気を出して「どう感じましたか？」と聞いてみる。

そうやって**「他人からの声」**をゲットして、また自分の「特徴」を知るのに役立てましょう。そうすることで、どんどん魅力的な物語として磨かれていきます。

あなたの人生に名前をつけるなら、それはどんな物語ですか？

第3節

「一発屋」で終わらないためにやったこと

「友達が昨日着てた服」を覚えていますか？

起業して何度も挫折しながらようやくつかんだ初売上の後。このまま売れ続けられるか、暗黒期に逆戻りするのか。ここが運命の分かれ道です。

このタイミングで、わたしはとんでもない気づきを得ました。

「自己分析」で人生を切り拓いた過程を赤裸々に発信したブログが少しずつ読んでもらえるようになったころ、読者さんとの交流会を開いたんです。

来てくださった方とお話しする中、「愛さんのブログが好きです！」と言ってくださった読者さんからこんな質問をされました。

「ところで、愛さんは会社員時代にどんなお仕事をされていたんですか？」

内心、とてもびっくりしてしまいました。

だって、当時わたしのブログには「営業時代の話」を何記事も書いていたから。

「わたしのブログの読者さんなら、わたしが元営業マンだと全員知っているはず」と、恥ずかしながら勝手に思いこんでいたんですよね。

そうか、仮に好きな人であっても、人のことってそんなに覚えていないものなんだ！　と衝撃を受けました。

多くの人が、「友達やパートナーが昨日着てた服」を覚えていないのと同じように。

でも確かに考えてみれば、仮にブログ10記事書いたとして、そのうち7記事に営業ネタを書いていたとしても、残りの3記事だけを読んでくれた人だっているはず。

そりゃ、すべての記事に思い入れを持って書いているわたしからすれば「何度も書いてるのに」かもしれないけれど……、「じゃないほうネタ」のたった1記事を読んで好きになってくれた読者さんからしたら「元営業マン」なんてわかるわけないのです。

だとすれば、どうやらここに、これから売れ続けるためのヒントがありそうです。

わたしのサービスがこの先も売れ続けるためには、より多くの読者さんに「わたしの強み」を知ってもらわないといけません。このときの「強み」とはもちろん**「売上につながる特徴」**のこと。

たとえばもし「強み発掘サービス」を売っているなら、

- **わたしがいかに人の強みを見つけることを仕事にしたいと思っているか**
- **どうやって人の強みを見つけるスキルを身につけてきたか**
- **強みを見つけた人が実際にどう変わったのか**

などが「売上につながる特徴」になりそうです。

で、逆に言えば「これ以外の特徴」を伝える優先度は必然的に下がります。だって「わたしは子どものころ犬を飼っていて」とか「食べ物ならいちごが好きで」なんて特徴は「サービスを買いたくなるか」で見れば不要な情報ですからね。

それからというもの、わたしは「売上につながる自分の強み」をしっかり知ってもらうための発信を強化しました。たとえば、

- **わたし自身が初めて「強みの種」を見つけたときのエピソード**
- **お客さんの「強み」を見つけて、これまでと違う広告を提案した話**
- **「強み」を見つけて売れるようになっていった、営業時代の部下の話**
- **友達の自己分析を手伝うとき、どんなアドバイスをしてみたか**
- **流行っている商品や伸びている会社を見て、どんな「強み」があると感じたか**

など、より「強み」や「自己分析」という軸に絞って、なにをしてきたか・なにができるか・なにを考えているかなど「サービス購入を迷っている人の背中を押す情

報」を重点的に発信しました。

こうして並べてみると、全部が全部「ものすごい実績」とか「誰にも真似できない、人より突出したスキル」というわけじゃないんですよね。起業初期ならなおのこと。というか、たいていの人にはそんな「すごい特徴」なんていくつもありません。

単純に「実績」や「能力」で比べられたら、もっと優秀で有名な人は山ほどいます。

だけど、**むしろ自分が「すごい人」じゃないからこそ、そのぶん「自分の強みを伝えまくること」しかできない。**

「知らなかった人だけど、これだけいろいろ発信してるなら……（なんか自信ありそう・信頼できるかも・一度話を聞いてみよう）」と思ってもらえたらチャンスです。

だから毎日ブログを書き、メルマガを書き、SNSも投稿し、音声や動画でもアップし、慣れてきたら知人にお願いして漫画やアニメーションなども作ってみました。

わたしが出す、どのコンテンツに触れてもらっても「わたしの強み」が伝わるように。

起業して見えた、新たな「理想の未来」

そうやってとにかく無我夢中で発信していたら、本当に少しずつだけど「自己分析を伝えている人らしい」という認知がじわじわ広がっていきました。

ブログやメルマガの読者さんが増え、感想を送ってくださる人が増え、ＳＮＳでわたしのブログを紹介してくださる人が増え、わたしのサービスをご友人に紹介してくださる人がポツポツと。

気づけば50万、１００万、２００万……と右肩上がりに売上も伸びていきました。

やがて目標だった法人化を果たしたり、たくさんの素敵なお客様と出会えたり、わくわくする新事業を作ったり、夢だった著書を出版したり、メディアに出演したり、さまざまな企業とタッグを組んで一緒にお仕事したり……、今では「今日も楽しかったな」と思いながら眠りにつく毎日です。

気づいたら、わたしにとっての「理想の未来」は、「自分が肝っ玉母ちゃんになること」から**「この世界に〝自信〟を1つでも増やすこと」**に変わっていました。

「わたしが経験してきた自己分析」を学んだお客様が「自分にも強みが見つかった！」「自分の理想の人生を選べた！」と自信あふれる表情を見せてくださるとき、これ以上ないほどうれしいからです。

そんな「自信のある大人」を世の中にもっと増やしたくて、その未来につながると思える仕事だけに、今はすべての時間を注いでいます。

つまり、この仕事の先に「わたしの理想の未来＝自信でいっぱいの社会」がある。

だから、これが間違いなく今のわたしの「適職」だと思えています。

もちろん、どんなにお仕事の幅が広がっても、起業した当初の目的だった「自分に合った働き方」は譲れません。

- **朝はめざましをかけずに起き、好きなインテリアに囲まれた空間で働く**
- **いつでも休みの日は自分で決め、気分が乗れば夜中でも元旦でも仕事し放題**

- **事務や経理など苦手なことは人に任せて、企画や執筆など得意なことに集中**
- **「やりたい仕事」と「一緒に働きたい人」だけ選び、余計なストレスから解放**
- **大好きな海のそばに長期滞在したり、お気に入りのホテルにこもって執筆する**

この働き方なら、いつまでも楽しく、自分らしく働いて理想の未来に進んでいけそうです。

「しつこいな」と笑われるほど「自分の強み」を伝えよう

このエピソードから伝えたいのは、**せっかく強みを見つけたなら、どうか「強みを伝えること」をサボらないでほしい！**ということ。

信じてほしい人に「あなたはこんな人なんですね」と信じてもらえるまで、何度もいろんな角度から伝えてみてください。

もしなかなか伝わらなくたって、相手が知りたいことはなにか・どんなふうに伝えたら相手は興味を持ってくれるかを考えながら、伝え方を変えて何度でも。

ときには相手が「もうしつこいな、わかったよ」って笑っちゃうくらいに。それくらい「自分の強み」は伝え続けなければ伝わりません。

「自分の強み」が伝わったら、やりたかった仕事を任せてもらえるかもしれないし、数ある人の中から自分のSNSアカウントをフォローしてくれるかもしれないし、初めて作ったサービスをおためしで申し込んでくれるかもしれません。

少なくとも、なにかをあきらめたり「自分の強みはこれじゃないのかも」と判断するのは、「もう自分にできることは全部やった」と思えてからでも遅くないです！

ここで有名な逸話を。

スターバックスの元CEOハワード・シュルツ氏は、スターバックスを拡大しようと資金調達に乗り出した初期のころ、242社に融資を断られたそうです。

また、「夢の国のようなテーマパークを作りたい」と願ったウォルト・ディズニー氏は、なんと300回以上も融資を断られました。

今じゃあんなに有名な企業でさえ、最初はその魅力が伝わらなかったんです。

でも、そこで何百回断られても、彼らが決してあきらめなかったからこそ、今のスターバックスとディズニーランドがあるのでしょう。

こんな逸話を知ると、わたし自身も「まだまだできることはあるな」といつも勇気が湧いてきます。


みなさんも、どうか「自分の強み」を知ってもらうことをあきらめないでください。


もし志望した会社に受け入れられず不採用になったからといって、あきらめずに3社、5社、10社……と受けてみてほしいんです。

次に受けた会社こそ、「あなたの強み」を評価してくれる会社かもしれないから。

社内でやりたい仕事がなかなか任せてもらえなくても、きたる日のために「あなたの強み」をあの手この手でじわじわアピールしておいてほしいんです。

次にポジションが空いたとき、上司の頭にあなたの顔が浮かぶかもしれないから。

ＳＮＳを始めて10投稿しても反応がないなら、20個30個といろんな角度で「あなたの強み」を伝えてほしいんです。

だって次の投稿には、記念すべき初めての「いいね」がつくかもしれないから。


渾身のサービスを発売して売れなかったとしても、あきらめずに何度でも「あなたのサービスの魅力」を伝えてほしいんです。

数ある中のたった1記事、たった一文が、誰かの心に刺さるかもしれないから。

その「しつこさ」も「あきらめの悪さ」も、いつかあなたの強みになるかもしれません。


スターバックスやディズニーランドのように、あとから振り返って**「あきらめずに伝え続けて良かった」**と思える日がくるかもしれません。


今、一番あなたの「強み」を信じてほしい人は誰ですか？

その相手にあなたの「強み」を伝えるなら、どんなエピソードで伝えますか？

第4章

「自分にあった仕事」の作り方

のエッセンス

- なにかを実際にやってみる・聞いてみる・調べてみることで、理想の未来を叶える「実現手段」の選択肢が増える
- 不安でなかなか行動できないときは、あえて不安を書き出す「ネガティブ・シミュレーション」で解消できる
- 「売れる強み」を見つけるには、自分の特徴を線でつなげて「物語化する」こと
- 自己分析時点で「確信できる強み」はないのが普通。日常で活かしてみる・誰かに伝えてみる・販売してみるなど、外に出すことで「強み」は磨かれていく
- 人は一度言うだけじゃ覚えてくれない。自分の「強み」を何度でも伝え続けよう

おわりに

適職はどこにあったのか？

長い物語を読み終えた上、さらに「おわりに」まで読んでくださっているあなた、本当にありがとうございます。

わたしが適職を探してきたリアルストーリー、いかがだったでしょうか。

どこか自分と重ねて共感できるところがあったり、「やらかしてるなぁ」と笑えたり、はたまたご自身のことを1つでも知るきっかけにつながっていたら、著者として心からうれしく思います。

最後に、結局なにが適職だったのか？　について種明かしをさせてください。

この本では、「適職」とは「理想の未来を叶える仕事」だと書きました。

物語の中にもあるように、

①　中小企業で営業
②　ベンチャーで営業
③　大手で企画
④　副業でブロガー
⑤　起業

……と、駆け足で職を転々としてきたわたしですが、このうち②以降はすべて「理想の未来を見つめ、そこから逆算して、自分の意思で選んだ仕事」です。

だから、これらすべてがまぎれもなく「そのときのわたしの適職」でした。

なぜか「適職ってたった1つ」だと思い込んでいたけど、**「適職っていっぱいあった」**というのが、このキャリアで得た大きな学びです。

そう思うと、「たった1つを見つけなければ……」と気負う必要はどこにもなかったんですよね。

正直なところ、これを言ったら「冷たいな」って思われるかもしれないのですが、この本は「書いてあることをそのまま実践すればＯＫ」という本ではありません。

だって読んでくださったあなたの人生には、この本とおんなじ出来事が起こるわけでも、この本に登場する人たちとの偶然の出会いがあるわけでもないから。

これからもどんどん時代は変わるし、働き方や職業も多様化するはずだから「この本が絶対的な正解！」なんてことには、残念ながらなりえません。

だけど、実際は「人生」ってそうだと思うんです。


どんな本を読んでも、周りの誰に意見を聞いても、「あなたの人生の正解」を持っている人なんて「あなた」以外にいないんですよね。

まさに、この本のテーマになった「適職」だって同じです。

適職とは「誰かに教えてもらえるもの」でも「運命のように引き寄せられるもの」でもなく、**「自分を知って、迷いながらも自分で選ぶもの」**だと思うのです。


この本のタイトル『適職はどこにある？』。

かつてのわたしが思っていたこの問いに対して、今だから出せる答えは「自分の中にある」でした。

誰かが「あなたはこの仕事が向いてるんじゃない？」と言ってくれたとしても、その仕事をして望まない結果になったとき、責任をとってくれるわけじゃない。

「みんなそんなもん」とか「そんな働き方やめときな」なんて周りの声に流されて、あとになって「あのとき挑戦しておけば……」と悔やむこともある。

結局は自分で「自分はどんな未来に行きたいか」を知り、「この仕事は自分の理想の未来につながるか」を考えて、自分の意志で選択し続けなければいけません。

でも、だからと言って「人生も仕事選びも自己責任なんだから、なんでも自分一人で考えて生きろ」というのはなんだか寂しい。

だからこそ、「あなたが自分の人生の選択に迷うとき、間違えたかも……って悩むとき、まるで一緒に笑ったり泣いたりするようにそばにいられる一冊」を作りたくて、心を込めてこの本を書きました。

この本を読んでくださったあなたが、どうか「理想の人生」を生きられますように。
そして未来が見えない瞬間にも、いつでもこの本を手に取れば「一人じゃない」と感じてもらえる一冊になりますように。

いつもあなたのことを応援しています。

土谷 愛

〔特典プレゼント〕

自分の適職と強みがわかる
７つのワークシート

＊巻末254pよりご覧ください。
＊このワークシートと回答例は
　こちらからダウンロードできます。
https://daiwashuppan.com/present/1916worksheet/

⑤ ①〜④そのものが、あなたの「小さな物語」です。
この物語に名前をつけるなら、それはどんな物語ですか？

（例：■■が××をして●●に成長した物語、○○に悩んだ私が▲▲と出会って□□を得た物語）


いかがでしたか？


わたしたちの人生のどこを切り取るかで「物語」は無数に生まれます。

たとえば、
・モヤモヤしていたこと→今日誰かと話したこと→変化した価値観
・今日１日考えたこと→実行したこと→その結果（できごと、感情）
・今日嫌だったこと→どう対処するか考えたり調べたこと→明日やること
など､「今日１日」を切り取ってもいろいろな物語が生まれることでしょう。

このワークで浮かんできた物語だけでなく、テーマを変えてたくさんの物語を作る練習をしてみてくださいね。

他人への説得力が増すことはもちろん、「人生を違う視点で捉える楽しさ」も味わえること間違いなしです。


お疲れさまでした！

③ そのころ、なぜ・どんなことをして①が解消されましたか？

きっかけとなったエピソード・自分の行動や環境など「悩みから脱した理由」を思いつく限り書いてみてください。

④ 悩みから抜け出した今、当時に比べてどんなスキルや価値観が身につきましたか？

① 3年前の今ごろ、あなたはどんなことで悩んでいましたか？

違う時期についてでも、悩みが小さくても大きくても、いくつあってもOKです。

まずは思いついた「今は当時ほど悩んでいない、昔の悩み」を書いてみてください。

② あなたが①の悩みを抜け出したのは、大体いつごろのことでしたか？

WORK 7

「物語」ワーク

本編の該当エピソード ▶ P.202 ～ 215

このワークの目的は、「あなたの強み物語」を作る練習です。

「自分の強み」を明確に伝えられる人は、それだけで望む成果を達成しやすくなります。
面接では面接官に、職場なら上司に、事業主なら取引先やお客様に強みが伝わることで、やりたい仕事が舞いこんでくることも。
プライベートでも同様で、より自分と合う人に巡り会えたり、自分のやりたいことを任せてもらえることにもつながります。

そのとき、漠然と「私はこんな人間です」とだけ伝えるよりも「どんな経緯で今の強みや価値観を築いたのか」と自分の物語を語れるほうがあなたの人となりが伝わり、より相手からの信頼も得られるでしょう。

このワークでは、あなたの「小さな物語」を言語化していきます。

③その「第一歩」を、いつやってみますか？

予定日を決めてスケジュールに登録しちゃいましょう！
リストがたくさんある場合は、上位5つだけ、など優先順位を絞ってもOKです。
小さなTo Doを完了できたらチェックも忘れずに。

①経験したいこと	②何をする？	③予定日	☑

いかがでしたか？

もし仮に今すぐ何かにつながらなかったとしても、こうして1つひとつ増やした「新たな経験」がいつかあなたの道しるべになるかもしれません。
また、その経験に伴って得た「感情」「知識」「スキル」が、何かの場面であなたの「強み」になることだってあります。

忙しい日々の中でも「自分のための予定」を決めておくことは、精神的にも大切なことですから、ぜひ定期的にこのワークを続けてくださいね。

お疲れさまでした！

WORK 6

「経験値UP」ワーク

本編の該当エピソード ▶ P.188 ～ 201

このワークの目的は、あなたの中に新しい経験を増やすことで、理想の未来を実現する「選択肢」を増やすことです。


たとえば「ペルー料理を一度も食べたことも、作ったこともない」という人が「ペルー料理屋を開こう！」とは思えないように、わたしたちは「まったく経験していないこと」や「知らないこと」をなかなか実現手段に設定できません。

だからこそ「やったこと・見たこと・聞いたことがある」という経験の数を増やしておくことは、未来の選択肢を増やすために有効なのです。


このワークでは、今のあなたの「経験」を増やすため、今の興味関心と向き合っていきます。

▼ **2つの質問に答える形で、次の表を埋めてみましょう。** ▼

①あなたがこれから「経験してみたい」と思うことはなんですか？
（例：やってみたいこと／行ってみたい場所／見てみたいもの／食べてみたいもの／学んでみたいこと／少しくわしく調べてみたいこと／話したい人／会ってみたい人　など）

小さくても大きくても、いくつあってもOK。

ちょっとでも興味関心があったら、どんどん書き出してみてください。

②今からそれを経験するための「第一歩」を起こすなら、まずは何をしますか？
今から1時間以内に終わるくらいの小さなTo Doに落とし込んでみてください。

①心に残っている経験・出会い	②得られた価値観

いかがでしたか？

自分が何を感じて生きてきたか、これから何を大切にして生きていきたいか、あらためて見えてきたのではないでしょうか。
このワークの結果をもとにWORK1で描いた「理想の未来」を見直してみると、わくわく感が強まったり、よりアップデートした「理想の未来」が描けることもあるでしょう。

また、余力がある方は「お仕事編」「人間関係編」「お金編」「暮らし編」など、テーマを絞ってエピソードや価値観を出してみるのもまた新たな発見があるかもしれません。

自分が大切にしたい価値観はこれからも日々変わっていくものなので、今回のワークだけで完結ではなく、ぜひ定期的に時間をとって「今の自分」を見つめてあげてくださいね。
お疲れさまでした！

WORK
5

「価値観」ワーク

本編の該当エピソード ▶ P.144 ~ 152

このワークの目的は、あなたにとって大切な「価値観」を言語化することです。

「価値観」とは「どんな考え方が好きか」であり、自分の中に無数にあるのと同時に、それらは状況や環境によって日々変化していきます。

自分にとって大切な価値観がわかっていないと、人生のあらゆる選択に迷ったり、人に流されてしまったり、理想とは違う現実を迎えて後悔することも。


このワークでは、今一度立ち止まり、今のあなたが大切にしたい「価値観」を再確認することをめざします。

▼ **2つの質問に答える形で、次の表を埋めてみましょう。** ▼

① あなたの心に残っている、「今の自分に影響を与えたな」と感じる経験や出会いを挙げてみましょう。
良かった思い出も、良くない思い出も踏まえて振り返ってみてください。

（例：うれしかったこと／楽しかったこと／充実していたこと／悲しかったこと／悔しかったこと／怒りを覚えたこと／時間やお金を費やしたこと／印象的な人・作品・キャラクター・セリフ　など）

② ①によって生まれた価値観・強まった価値観はどんなことでしたか？
「××が好き／好きじゃない」

「△△をしたい／したくない」

「○○は良いこと／悪いこと／必要なこと／不要なこと」

などのように、できるだけ簡潔に書いてみましょう。

時刻	①業務内容	②◎○	③楽しめた/苦じゃなかったこと

いかがでしたか？
③の答えはあなたの「強みの種」です。
明日から意識して活かすのも、さらに学びや訓練で磨くのもいいですね。
あなたの「理想の未来」に向けて、どう使うかはあなた次第です。

余力があれば、お仕事以外にも家事や趣味などで「強みの種」を見つけてみるのもおすすめです。
お疲れ様でした！

WORK
4

「強みの種」ワーク

（本編の該当エピソード ▶ P.098 ～ 107）


このワークの目的は、「強みの種」を見つけることです。

わたしたちは「開花した才能」や「努力が実った実績」だけを「強み」とみなしがち。けれど、「強み」とは元をたどれば、「種」の状態から育てていけるものなんです。


これから育てていける「強みの種」を見つけるヒントは、現時点の結果にかかわらず「やっていて苦痛じゃないこと」に着目することです。やっていて苦痛じゃなければ、とりあえずコツコツと続けることができます。

そして継続できるからこそ、結果的にその努力が身を結び「強み」として認識できるようになるのです。

▼ 3つの質問に答える形で、次の表を埋めてみましょう。▼

①「とある日のお仕事」のスケジュールを書き出してみましょう。
左側に時刻、右側にはその時間にやっていた業務内容（例：会議名・タスク名など）を書き入れます。

② ①の中から「楽しめた業務」には◎を、「苦痛ではなかった業務」には○をつけてみましょう。

③ 印がついた業務のどんなタスクが、あなたにとって良かったですか？
「○○を○○すること」「○○に○○すること」のように、動詞を意識して具体的に書き出してみましょう。

（例：社内ルールの改善点を議論すること／SNSでバズる投稿のリサーチをすること／後輩の悩みを深掘りすること／限られた予算や人員の配分を考えること／社内の人に働きかけて納期を調整すること／新商品のアイディアを考えること／契約書の矛盾点をチェックすること　など）

いかがでしたか？

③の答え：コンプレックスの「強み」になりうる捉え方
④の答え：コンプレックスのおかげで得た「強み」になりうる特徴
⑤の答え：コンプレックスが「強み」として活かせる相手や環境のヒント
です。

普段はつい目を背けてしまいがちなコンプレックスも、いつもとは少し違う捉え方ができたのではないでしょうか。
どんな特徴でも「目的のためにどう活かせるか」と考えることで、それが「強み」になる日は近いかもしれません。

お疲れさまでした！

① コンプレックス	② 具体的に 困ること	③ よく言えば？	④ 得た ものは？	⑤ プラスな 使い方

あてはめられますか？

ヒントは「大好きな人が同じことで悩んでいる場合、どんなふうに励ますか」と考えてみることです。

④ ①のコンプレックスがあったからこそ取った行動・結果的に得たものはなんですか？
「～～の努力をした」「～～を勉強した」「悩みすぎないように考え方を変えた」などの行動にフォーカスしても◎、「○○kg痩せた・筋トレの知識がついた」「尊敬する先生と出会った・勉強仲間ができた」「気持ちが楽になった」などの結果にフォーカスしても◎です。

⑤ ③④を使って、プラスに働きそうな場面・力を貸したりアドバイスしてあげられそうな人などを思いつく場合は書いてみましょう。
どんなささいなことでも構いません。

（例：最近太ったと言っていた母と一緒に宅トレしてあげられる／これから同じ試験を受ける人に失敗談を共有できる／同じ悩みを持つ人の愚痴を共感しながら聞ける　など）

WORK 3

「コンプレックスの裏側」ワーク

本編の該当エピソード ▶ P.084 ～ 097

このワークの目的はコンプレックスの捉え方を変えて「強み」を見つけやすくすることです。

この本では「強み」を次のように定義しました。

「強み」＝目的のために使える特徴

一見なんてことのない「特徴」でも、目的によっては「強み」になりうるということです。

ただし、自分で「コンプレックス」と感じている特徴については「弱み」と捉えてしまう人も少なくありません。

しかし、往々にしてコンプレックスは「人とは違う自分ならではの特徴」であり、それを強みにできれば希少価値の高い武器になることも。


そこで、このワークでは「コンプレックス」を「強み」に変換する練習をします。

どんな特徴も「強み」として活用するための脳トレのつもりで、気軽にやってみてください。

▼ 5つの質問に答える形で、次の表を埋めてみましょう。▼

① あなたがコンプレックスだと感じているところはどこですか？
外見でも、内面でも、そのほかのことでも構いません。

② その特徴をコンプレックスだと思うのはなぜですか？
そのコンプレックスによって具体的にどんなことに困っているか（困ったことがあるか）を書いてみましょう。

③ ②を「よく言えば○○」と言い直すとしたら、○○にどんな言葉を

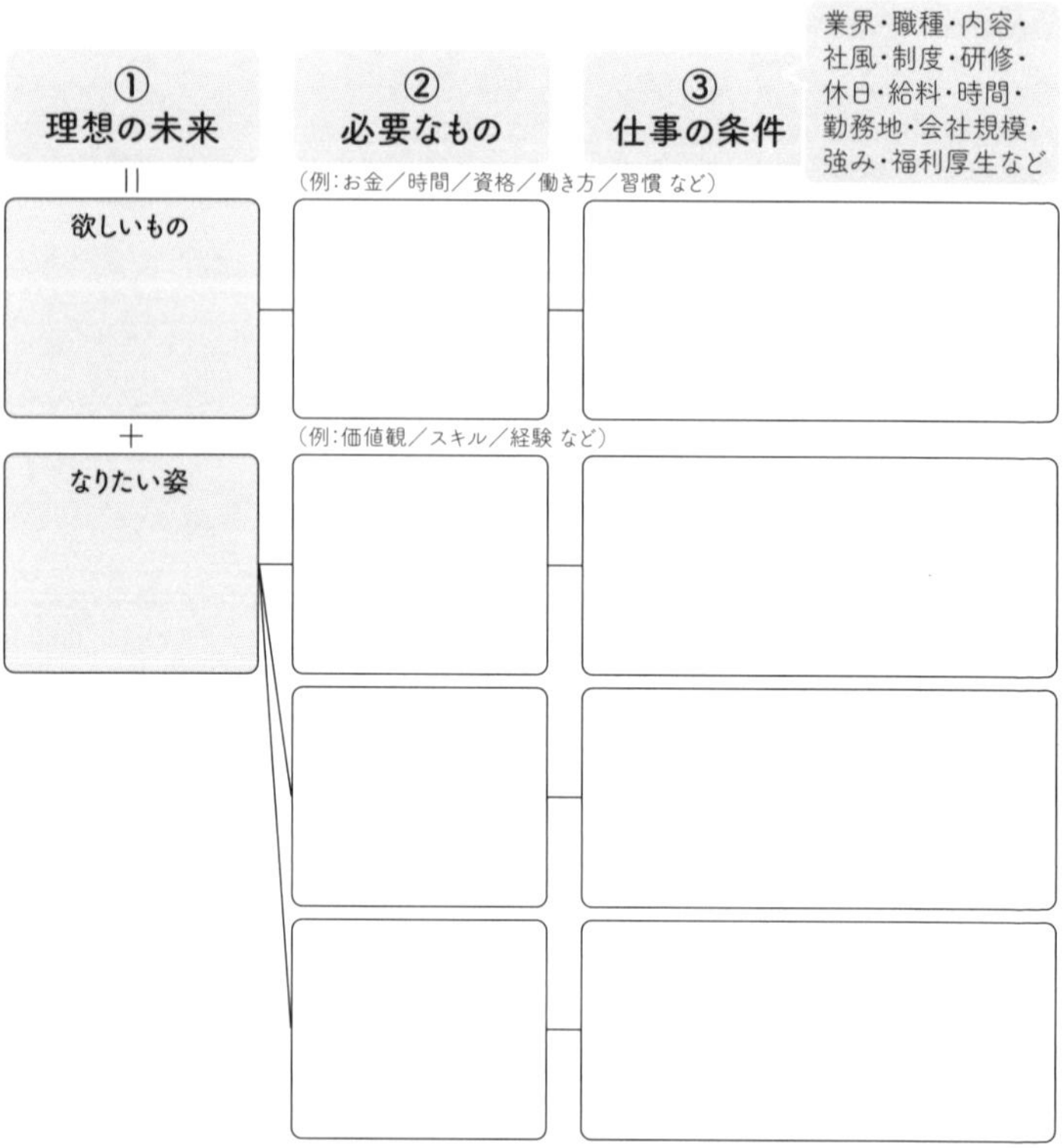

いかがでしたか？
できあがった③が、今のあなたにとっての「適職の条件リスト」です。
すでに現職が条件にあてはまっていれば、今のお仕事があなたの「適職」の１つです。
もしまだ満たせていない条件があれば、昇格・異動・副業・転職など、なにかしらの手段で新たに補う必要があるかもしれませんし、条件の再考で解消できるかもしれません。

ぜひここで作ったチェックリストを今後のお仕事の参考にしてみてくださいね。お疲れさまでした！

WORK 2

「適職発見」ワーク

本編の該当エピソード ▶ P.057 ～ 079

このワークの目的は「モチベーション高く取り組める仕事の条件」を言語化することです。この本では「適職」を次のように定義しました。

「適職」＝理想の未来を叶える仕事

この定義にのっとって「適職」を選ぶことができれば、自分にとって明確に「やる理由」がわかっている状態なので、「自分はなんのために働いてるんだっけ……」といったモチベーション迷子になることや、「将来どうなるんだろう」という不安がなくなります。

3つのステップで、次の表を作ってみましょう。

①WORK1で挙がった「理想の未来」は何でしたか？
もう一度おさらいしてみましょう。

② ①を実現するのに「必要なもの」を具体的に挙げてみましょう。
「理想の未来」にたどり着くために必要なものであれば、お金・時間・資格・働き方・習慣・価値観・性格・スキル・経験など、なんでも構いません。もちろん項目数は自由に増減してもOKです。

③ ②を手に入れる「仕事の条件」を思いつく限り書いてみましょう。
「理想の未来に必要なもの」を手に入れるための条件であれば、業界・職種・内容・社風・制度・研修・休日・給料・時間・勤務地・会社規模・強み・福利厚生など、なんでも・いくつ書いても構いません。
悩んだときは、ネットや本を眺めて調べたり、家族や友人・プロのキャリアアドバイザーなどにアドバイスを求めてみるのがおすすめ。

いかがでしたか？
A、Bいずれのワークでもいろいろな欲求が見えてきたと思います。
それぞれいつまでに叶えておきたいか、期限もあわせて書き込んでおくとなおGOODです。

最後に、このワークで見えてきたあなたの「理想の未来」を公式にしてみましょう！
（項目数は1～2つにまとめても、自由に増やしてもOK）

	欲しいもの		なりたい姿
理想の未来 ＝		＋	

お疲れさまでした！

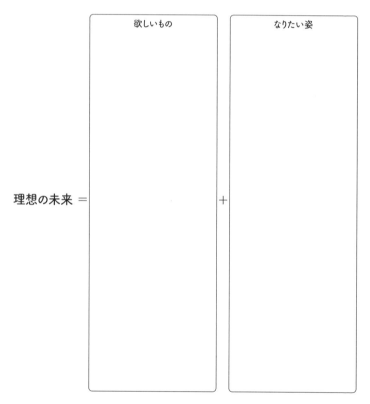

B.未来の自分にインタビューワーク　＊論理派の人におすすめ

▼ 2つの質問に答える形で、次の表を埋めてみましょう。▼

① あなたは「理想の未来を生きているxx年後のあなた」とばったり遭遇しました。
現在のあなたが気になる項目について、特別にインタビューを受けてもらえることに。
どんなことを聞いてみますか？ 質問の数はいくつでもOKです。

② 突然、からだが入れ替わって「理想の未来を生きているxx年後のあなた」になりました！
今まさに「xx年前のあなた」からインタビューを受けています。
各質問に対して、なんと答えますか？

①質問文	②回答

A.ビジョンボードワーク　＊感覚派の人におすすめ

①欲しいものパート
中央にいるのが「理想の未来を生きているあなた」です。

あなたはどんな「欲しいもの」を手に入れていますか？

思いつくイメージを自由に描いてみてください。

（例：手に入れたいアイテム／住みたい街や家／理想の家族構成・友人付き合い・働き方・年収・休日の過ごし方・食生活／なりたい外見やファッション／楽しみたい趣味　など）

②なりたい姿パート
「理想の未来を生きているあなた」はどんな自分になっていますか？

あなたの思いを言葉にして自由に書き入れてみてください。

（例：「こうなれたらいいな」と思う価値観や性格／成し遂げたいことや夢／仕事を通じて得たいスキルや知識／身につけたい習慣／周囲にとってどのような存在でいたいか　など）

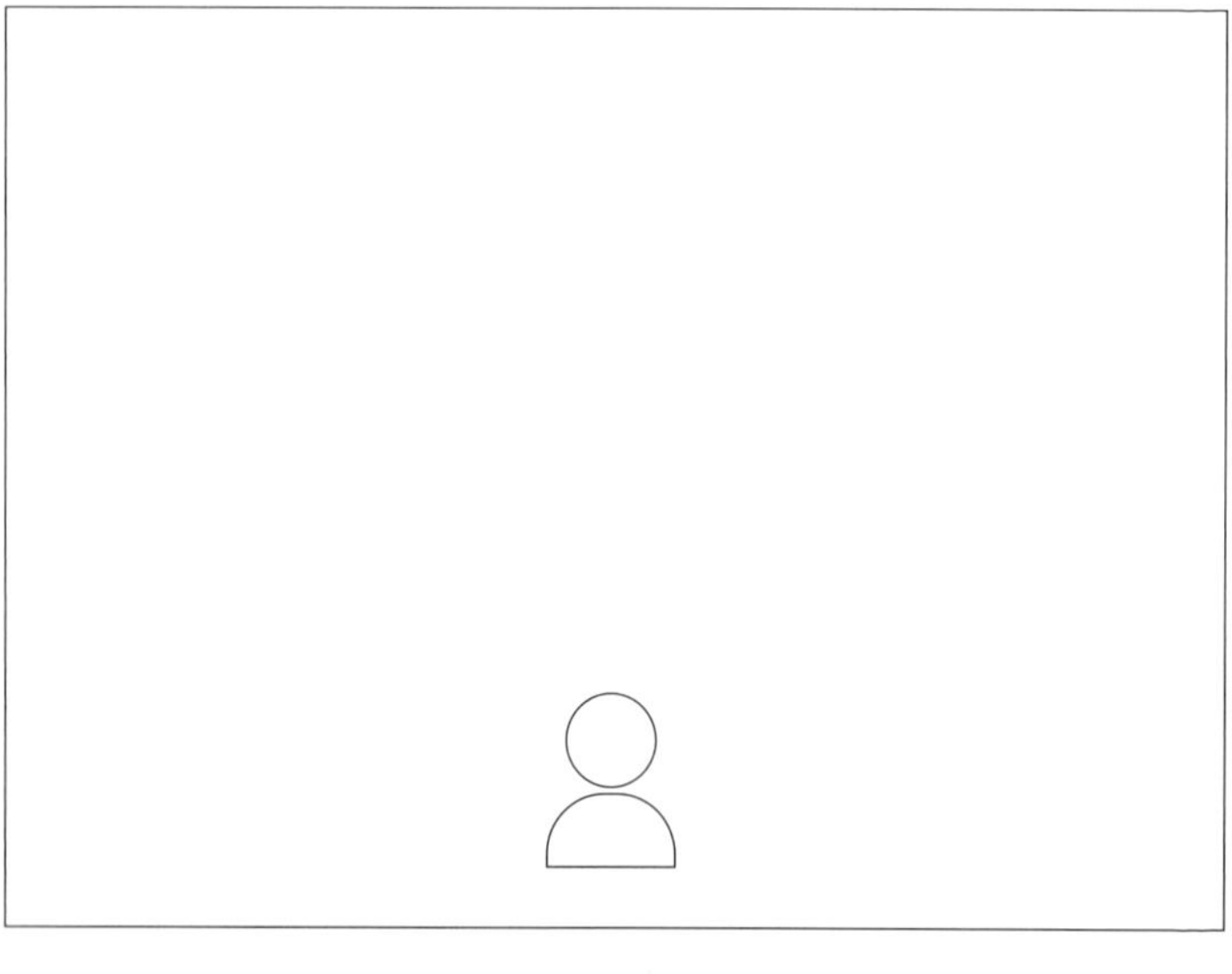

WORK
1

「理想の未来」ワーク

本編の該当エピソード ▶ P.036 ～ 056

このワークの目的は「自分にとっての理想の未来＝働くモチベーション」を知ることです。

この本では次の公式を紹介しました。


「理想の未来」＝ 欲しいもの（外的欲求）＋ なりたい姿（内的欲求）

このように細分化して考えてみることで、解像度がグンと高くわくわくする「理想の未来」がイメージできるようになります。と同時にそれを手に入れるための行動に前向きになれます。


ここでは、みなさんが無理なく楽しめるように2つのワークをご用意しました。

ぜひ、自分が「やりやすい」と感じるほうを選んで行ってみてください。

もちろん両方トライしてもOKです！

★ポイント1
人や状況によって「欲しいもの」「なりたい姿」、どちらかに偏る場合もあります。

何度も似たような答えや共通項が見えてきたなら、それはあなたにとって優先順位の高い「理想の未来」だと考えていいでしょう。

★ポイント2
他人に評価されそうな答えを書く必要も、必ずしも「こうなりたい」というポジティブな探し方にこだわる必要もありません。

たとえば「こうなりたくない」「こんな生活はつらい」などネガティブな本音から「自分の求めている理想」を探ってみるのもアリです。

〔特典プレゼント〕

自分の適職と強みがわかる
７つのワークシート

＊このワークシートと回答例は
　こちらからダウンロードできます。
https://daiwashuppan.com/present/1916worksheet/

〔さらに！ 特典プレゼント2〕

本書をお読みいただき、本当にありがとうございました！

この本をもっと活用したい！という方のために、著者のわたしから特別なプレゼントをご用意しました。

「適職はどこにある？」
実践メール講座（登録無料）

URL：https://tsuchitaniai.com/tekidoko-dl/

このメール講座では、適職を手に入れる自己分析のヒント・ワークにとりくむ際のコツなどをお届けします。

・本書を「読んだだけ」で終わらせたくない
・「自分の適職」についてもっと向き合いたい
・「自分の強み」を見つけたい

という方は、ぜひメール講座も受け取ってみてくださいね。

無料登録ですぐにわたしからのメールがあなたのメールボックスへ届きますので、
ぜひ返信で本書の感想などもお寄せいただけるとうれしいです！
(1通1通すべて著者本人が目を通させていただきます)

※上記プレゼントは予告なく終了する可能性がございます。
あらかじめご了承ください。

適職《てきしょく》はどこにある？
夢なしOLの「転職・休職・副業・起業」実践ストーリー

2025年 1月31日　初版発行

著　者……土谷愛《つちたにあい》
発行者……塚田太郎
発行所……株式会社大和出版
東京都文京区音羽1-26-11　〒112-0013
電話　営業部03-5978-8121／編集部03-5978-8131
https://daiwashuppan.com
印刷所……誠宏印刷株式会社
製本所……株式会社積信堂
装幀者……上坊菜々子
装画者……深川優

ISBN978-4-8047-1916-0